基礎からわかる 法令用語

長野秀幸 [著]
HIDEYUKI NAGANO

学陽書房

はしがき

　法令文は、解釈に疑義が生じないよう要件と効果だけが簡潔に記述されており、これを重ねて説明するような余計な文言が排除されています。また、法令文は、特有の言い回しが多く、一般になじみのある文章ではありません。これらの特徴が法令文を一般の人から遠ざけているように思います。

　しかし、法令文の中で重要な働きをしている法令用語の意味内容や使われ方を理解すれば、法令文を読む苦労がかなり軽減されると思います。他方、法令用語のほとんどが日常用語としても使われているため、ともすれば法令用語を自己流で理解してしまい、法令文を間違って解釈するおそれがあります。したがって、法令文を読む上で法令用語を正しく理解することは必要不可欠です。

　本書は、数ある法令用語のうち、ぜひ理解していただきたい基本的な用語を選んで解説したものです。また、1つの法令用語がいろいろな意味内容で使われることもありますが、できるだけその法令用語のオーソドックスな意味内容を中心に解説するように心がけました。このような二重の意味を込めて、本書を「基礎からわかる法令用語」と名付けた次第です。

　本書では、便宜上法令用語を4つに分類しています。

　第1章「これだけは覚えておきたい　必須の法令用語22」は、法令文を読む際に最低限理解しておくべき法令用語で、いわば「法令用語中の法令用語」というべきものです。

　第2章「押さえておきたい　基本の法令用語15」は、法令文においてよく使われる法令用語で、その意味内容や使われ方を再確認しておくべきものです。

第3章「日常用語とは異なる　注意すべき法令用語5」は、日常用語と違った意味内容で使われる法令用語のうち特に注意すべきものです。

　第4章「似ていても意味が異なる　区別すべき法令用語20」は、以上にあげた法令用語以外で、似たような法令用語についてその区別をしっかりと理解しておくべきものです。

　これまで法令用語については数多くの書物が出版されていますが、本書は、これらの成果に負うところが大きいものがあります。それらの書物につきましては、巻末に参考文献として掲げさせていただき、先輩諸氏に感謝の意を表する次第です。

　なお、本書で述べたところは著者個人の見解であり、著者が勤務する職場の公の見解ではないことをお断りしておきたいと思います。

　本書が、法令文を読む方にとって少しでもお役に立てるならば、著者にとってこれほど大きな喜びはありません。

　最後になりましたが、本書を執筆するに当たり、学陽書房編集部の村上広大氏には大変お世話になりました。この場を借りて厚く御礼申し上げます。

2015年3月

　　　　　　　　　　　　　　　　　　　　　　　　長野　秀幸

基礎からわかる法令用語●目次

第1章 これだけは覚えておきたい 必須の法令用語22

1. 又は・若しくは ……………………………………………… 10
2. 及び・並びに ………………………………………………… 14
3. その他・その他の …………………………………………… 18
4. 者・物・もの ………………………………………………… 22
5. 時・とき・場合 ……………………………………………… 26
6. 直ちに・速やかに・遅滞なく ……………………………… 28
7. から○日・から起算して○日 ……………………………… 30
8. 以下・未満、以上・超える、以前・前、以後・後、以内・内 …… 32
9. 前・次・同 …………………………………………………… 36
10. 以下同じ ……………………………………………………… 40
11. することができる・することができない ………………… 43
12. しなければならない・してはならない …………………… 46
13. する …………………………………………………………… 50
14. ものとする …………………………………………………… 51
15. 推定する・みなす …………………………………………… 54
16. 準用する ……………………………………………………… 56
17. 適用する ……………………………………………………… 58
18. 施行する ……………………………………………………… 62
19. 例による ……………………………………………………… 66
20. なお従前の例による・なおその効力を有する …………… 68
21. 同様とする …………………………………………………… 72
22. 例とする ……………………………………………………… 73

第2章 押さえておきたい 基本の法令用語15

1. あわせて ……………………………………………………… 76
2. 係る・関する ………………………………………………… 77
3. かかわらず …………………………………………………… 80
4. 各本条・正条 ………………………………………………… 83
5. かつ …………………………………………………………… 85
6. 経由して ……………………………………………………… 86
7. この限りでない・妨げない ………………………………… 88
8. その効力を失う ……………………………………………… 91
9. ただし・この場合において ………………………………… 92
10. 努める ………………………………………………………… 95
11. 当該 …………………………………………………………… 96
12. 負担する・補助する ………………………………………… 99
13. 別段の定め・特別の定め …………………………………… 103
14. 故なく・みだりに …………………………………………… 106
15. を除くほか・のほか ………………………………………… 109

第3章 日常用語とは異なる 注意すべき法令用語5

1. 善意・悪意 …………………………………………………… 112
2. 等 ……………………………………………………………… 115
3. 当分の間 ……………………………………………………… 117
4. 取消し・撤回 ………………………………………………… 118
5. ○日前（まで）に …………………………………………… 120

第4章 似ていても意味が異なる 区別すべき法令用語20

- ❶ 営業・事業 …………………………………………………… 122
- ❷ 閲覧・縦覧 …………………………………………………… 124
- ❸ 改正する・改める …………………………………………… 125
- ❹ 科する・課する ……………………………………………… 127
- ❺ 期間・期限・期日 …………………………………………… 129
- ❻ 議により・議に基づき・議を経て・議に付し ………… 133
- ❼ 行政機関・行政庁・行政官庁 ……………………………… 137
- ❽ 国・政府・国庫 ……………………………………………… 141
- ❾ 削る・削除 …………………………………………………… 143
- ❿ 原本・謄本・正本・抄本 …………………………………… 145
- ⓫ 更正・補正・訂正 …………………………………………… 148
- ⓬ 告示する・公示する ………………………………………… 150
- ⓭ 住所・居所 …………………………………………………… 152
- ⓮ 準ずる・類する ……………………………………………… 154
- ⓯ 署名・記名 …………………………………………………… 158
- ⓰ 前項の場合において・前項に規定する場合において …… 159
- ⓱ 同意・協議 …………………………………………………… 161
- ⓲ に規定する・の規定による・の規定に基づく ………… 165
- ⓳ 年・年度 ……………………………………………………… 168
- ⓴ 廃止する・廃止するものとする ………………………… 171

参考文献 ……………………………………………………………… 174

凡　例

○引用した法令の内容現在は、原則として平成 27 年 2 月 1 日です。
○引用した国の法令の原文は縦書きですが、本書の体裁上これを横書きにしています。したがって、漢数字は、原則として算用数字に変換しています。
○引用した法令には、解説で重要となる部分に著者が下線や【　】を付したものがあります。

〔判例の引用〕
　　民集：最高裁判所民事判例集
　　刑集：最高裁判所刑事判例集

〔判例の略記〕
　　最判（決）：最高裁判所判決（決定）

第1章

これだけは覚えておきたい
必須の法令用語 22

1 又は・若しくは

「又は」と「若しくは」は、ともに複数の語句を選択的に結び付ける場合（英語でいえば「or」）に使われますが、両者では使われる段階が違います。

「又は」は、単純に語句を選択的に結び付ける場合に使われます。

■地方自治法
第129条　普通地方公共団体の議会の会議中この法律又は会議規則に違反しその他議場の秩序を乱す議員があるときは、議長は、これを制止し、又は発言を取り消させ、その命令に従わないときは、その日の会議が終るまで発言を禁止し、又は議場の外に退去させることができる。
② （略）

「若しくは」は、「又は」で結び付けられたそれぞれの語句の中を細分化してさらに語句を選択的に結び付ける場合に使われます。

■民法
（相続の承認又は放棄をすべき期間）
第915条　相続人は、自己のために相続の開始があったことを知った時から3箇月以内に、相続について、【単純若しくは限定の承認又は放棄】をしなければならない。（略）

2　(略)

【　】内の部分を図示すると、次のようになります。

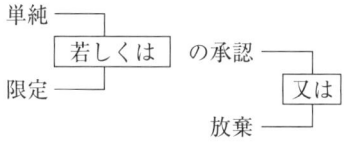

相続については、法定の期間内に承認をするか放棄（民法938条）をするか決めないといけないわけですが、承認には単純承認（民法920条）と限定承認（民法922条）があることから、まず承認と放棄を「又は」で選択的に結び付け、次に承認の中の単純承認と限定承認を「若しくは」で選択的に結び付けているわけです。（なお、法定の期間内に限定承認又は放棄をしない場合は、単純承認をしたものとみなされます（民法921条2号））。

日常用語では、「又は」と「若しくは」は特に区別して使われませんが、法令では、「又は」は上の接続の段階で使われ、「若しくは」はその下の接続の段階で使われることに注意が必要です。

したがって、条文中に「若しくは」が使われているときは、必ず「又は」が使われているので、まず「又は」を探して上の接続の段階（「A又はB」、「A、B又はC」など）を確認し、次にそれぞれのグループの中で「若しくは」で結び付けられている語句を探すと、条文の構造が理解しやすくなります。

さらに接続の段階がもう1つ増えて3段階になる場合、一番下の接続の段階では、「若しくは」が使われます。

■**行政不服審査法**（平成26年法律第68号）
　（適用除外）

> 第7条　次に掲げる処分及びその不作為については、第2条及び第3条の規定は、適用しない。
> 　一・二　（略）
> 　三　【国会の両院若しくは一院若しくは議会の議決を経て、又はこれらの同意若しくは承認を得た】上でされるべきものとされている処分
> 　四～十二　（略）
> 2　（略）

【　】内の部分を図示すると、次のようになります。

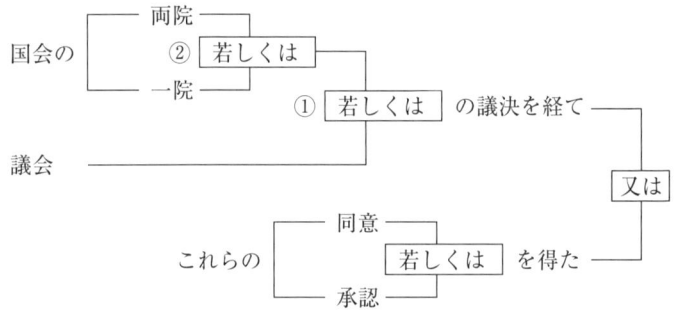

この条文では、まず国会・（地方）議会の「（議決を）経た」とこれらの「（同意・承認を）得た」という異なる動詞を「又は」で結び付けています。そして、「（議決を）経た」グループの中で、国会と（地方）議会を①の「若しくは」で結び付け、さらに、国会における議決は両院の場合と一院の場合とがあるため、それらを②の「若しくは」で結び付けています。

このように一番上の接続では「又は」が、二番目の接続では「若しくは」が、三番目（すなわち一番下）の接続では「若しくは」が使われます。この場合、上の接続の段階で使われる「若しくは」（①）を「大若し」、下の接続の段階で使われる「若しくは」（②）を

「小若(こも)し」と呼んでいます。

では、最後に次の例を見てください。

> ■**刑法**
>
> （通貨偽造及び行使等）
> 第148条　行使の目的で、通用する【貨幣、紙幣又は銀行券を偽造し、又は変造した】者は、無期又は3年以上の懲役に処する。
> 2　（略）

【　】内の部分を図示すると、次のようになります。

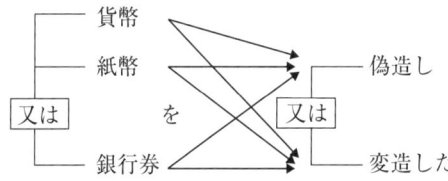

ここでは、「貨幣を偽造した」、「貨幣を変造した」、「紙幣を偽造した」、「紙幣を変造した」、「銀行券を偽造した」、「銀行券を変造した」の6つの類型が2つの「又は」で選択的に結び付けられています。このような「又は」の使い方をたすきがけの「又は」といいます。

2 及び・並びに

「及び」と「並びに」は、ともに複数の語句を併合的に結び付ける場合（英語でいえば「and」）に使われますが、両者では使われる段階が違います。

「及び」は、単純に語句を併合的に結び付ける場合に使われます。

■**刑事訴訟法**
第173条　鑑定人は、旅費、日当<u>及び</u>宿泊料の外、鑑定料を請求し、<u>及び</u>鑑定に必要な費用の支払又は償還を受けることができる。
②　（略）

「並びに」は、「及び」で結び付けられた語句（のグループ）をさらに上位の段階で他の語句（のグループ）と併合的に結び付ける場合に使われます。

■**民法**
（離縁による親族関係の終了）
第729条　【養子<u>及び</u>その配偶者<u>並びに</u>養子の直系卑属<u>及び</u>その配偶者】と養親及びその血族との親族関係は、離縁によって終了する。

【　】内の部分を図示すると、次のようになります。

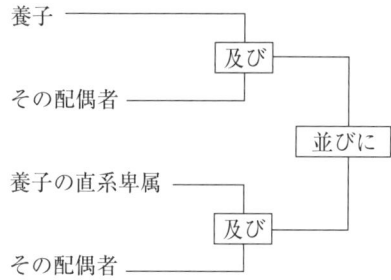

ここでは、養子とその配偶者、養子の直系卑属とその配偶者がそれぞれ「及び」で併合的に結び付けられ、さらに養子グループと養子の直系卑属グループが「並びに」で併合的に結び付けられています。

日常用語では、「及び」と「並びに」は特に区別して使われませんが、法令では、「及び」は下の接続の段階で使われ、「並びに」はその上の接続の段階で使われることに注意が必要です。

したがって、条文中に「並びに」が使われているときは、必ず「及び」が使われているので、まず「並びに」によって上の接続の段階（「A並びにB」、「A、B並びにC」など）を確認し、次にそれぞれのグループの中で「及び」で結び付けられている語句を探すと、条文の構造が理解しやすくなります。

さらに接続の段階がもう1つ増えて3段階になる場合、一番上の接続の段階では、「並びに」が使われます。

■地方税法

（貨物割に係る延滞税等の計算）

第72条の106 【貨物割に係る延滞税及び加算税並びに消費税に係る延滞税及び加算税並びにこれらの延滞税の免除に係る金額】（・・・）の計算については、貨物割及び消費税の合算額によつ

> て行い、算出された延滞税等をその計算の基礎となつた貨物割及び消費税の額にあん分した額に相当する金額を貨物割又は消費税に係る延滞税等の額とする。
>
> 2・3　（略）

　【　】内の部分を図示すると、次のようになります。

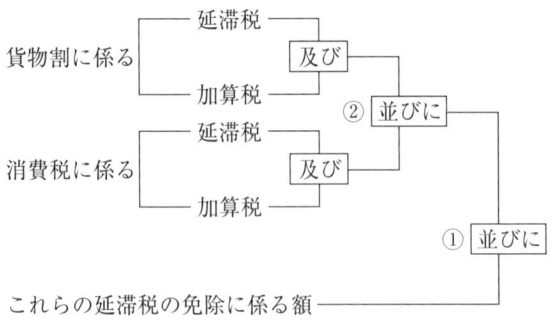

　この例では、「延滞税・加算税」に対応するのが「延滞税の免除に係る額」で、これらが①の「並びに」で結び付けられています。「延滞税・加算税」については、貨物割に係るものと消費税に係るものが②の「並びに」で結び付けられています。そして、貨物割・消費税それぞれの中で延滞税と加算税が「及び」で結び付けられています。

　このように、最も下の接続の段階で「及び」が使われ、その上は順に「並びに」が２回使われます。この場合、最も上の接続の段階で使われる「並びに」（①）を「大並び」、その下の接続の段階で使われる「並びに」（②）を「小並び」と呼んでいます。

　なお、「及び」についても「又は」と同様、たすきがけの「及び」という使い方があります。たとえば、次の例を見てください。

> ■**行政手続における特定の個人を識別するための番号の利用等に関する法律**（平成25年法律第27号）
> （事業者の努力）
> 第6条　個人番号及び法人番号を利用する事業者は、基本理念にのっとり、【国及び地方公共団体が個人番号及び法人番号の利用に関し実施する施策】に協力するよう努めるものとする。

【　】の部分を図示すると次のようになります。

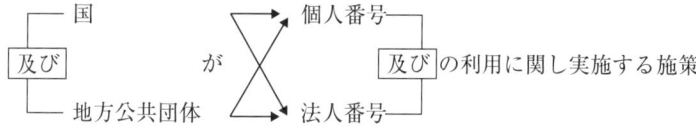

ここでは、「国が個人番号の利用に関し実施する施策」、「国が法人番号の利用に関し実施する施策」、「地方公共団体が個人番号の利用に関し実施する施策」、「地方公共団体が法人番号の利用に関し実施する施策」の4つの類型が2つの「及び」で併合的に結び付けられています。

3 その他・その他の

「その他」と「その他の」は、日常用語では特に区別して使われませんが、法令では両者は区別して使われています。

> まず、「その他」は、一般にそれによって結び付けられる用語が並列関係にある場合に使われます。

■公職選挙法
（あいさつ状の禁止）
第147条の2　公職の候補者又は公職の候補者となろうとする者（・・・）は、当該選挙区（・・・）内にある者に対し、答礼のための自筆によるものを除き、年賀状、寒中見舞状、暑中見舞状その他これらに類するあいさつ状（・・・）を出してはならない。

この例の場合、「年賀状」、「寒中見舞状」、「暑中見舞状」と「これらに類するあいさつ状」（ex. クリスマスカード）とは並列関係になります。

| 年賀状 | 寒中見舞状 | 暑中見舞状 | これらに類するあいさつ状 |

> これに対して、「その他の」は、それによって結び付けられる用語が部分と全体の関係にある場合に使われます。

■地方自治法
第199条　（略）

> ②～⑥ （略）
> ⑦ 監査委員は、必要があると認めるとき、又は普通地方公共団体の長の要求があるときは、当該普通地方公共団体が補助金、交付金、負担金、貸付金、損失補償、利子補給その他の財政的援助を与えているものの出納その他の事務の執行で当該財政的援助に係るものを監査することができる。（略）
> ⑧～⑫ （略）

この例の場合、「補助金」、「交付金」、「負担金」、「貸付金」、「損失補償」、「利子補給」は「財政的援助」の例示であり、その中に含まれています。

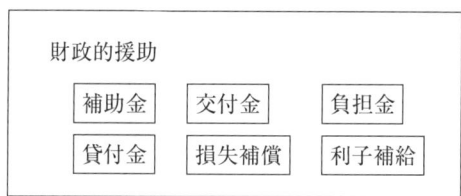

このように両者は概念上区別して使われていますが、実際には「その他」が「その他の」と同じような意味で使われることもあります。

> ■刑法
> 第7条の2 この法律において「電磁的記録」とは、電子的方式、磁気的方式その他人の知覚によっては認識することができない方式で作られる記録であって、電子計算機による情報処理の用に供されるものをいう。
> ■労働基準法
> 第11条 この法律で賃金とは、賃金、給料、手当、賞与その他名称の如何を問わず、労働の対償として使用者が労働者に支払うす

> べてのものをいう。

　刑法の例では、「その他」の前の「電子的方式」、「磁気的方式」が「その他」の後の事項の実質的な例示となっています。また、労働基準法の例では、「その他」の後に「すべてのもの」という語句があるので、部分と全体の関係になっています。
　なお、「その他」と「その他の」の違いは、政令などの下位法令に委任する場合に最も明確になります。

> **■海外の美術品等の我が国における公開の促進に関する法律**
> （海外の美術品等に対する強制執行等の禁止）
> 第3条　我が国において公開される海外の美術品等のうち、国際文化交流の振興の観点から我が国における公開の円滑化を図る必要性が高いと認められることその他の政令（①）で定める要件に該当するものとして文部科学大臣が指定したものに対しては、強制執行、仮差押え及び仮処分をすることができない。（略）
> 2～4　（略）
> 5　文部科学大臣は、指定に係る海外の美術品等が第1項本文の政令で定める要件に該当しなくなったときその他政令（②）で定める場合には、指定を取り消すことができる。（略）
> 6　（略）

　この例では2つの事項について政令に委任していますが、これを受けた政令では次のように規定されています。

> **■海外の美術品等の我が国における公開の促進に関する法律施行令**
> （指定の要件）
> 第2条　法第3条第1項本文の政令で定める要件は、次の各号のい

ずれにも該当するものであることとする。
　一　国際文化交流の振興の観点から我が国における公開の円滑化を図る必要性が高いと認められること。
　二　文化財の不法な輸出入等の規制等に関する法律（・・・）第3条第2項の規定により特定外国文化財として指定されたものでないこと。
　三　我が国において販売することを目的とするものでないこと。
（指定の取消しができる場合）
第4条　法第3条第5項の政令で定める場合は、不正の手段により同条第1項の指定を受けた場合とする。

　①の政令委任については、法第3条第1項本文で規定した「国際文化交流の振興の観点から我が国における公開の円滑化を図る必要性が高いと認められること」という要件が施行令第2条第1号で改めて規定されています。すなわち、この要件は、「（政令で定める）要件」の例示に過ぎず、この要件を法第3条第1項の対象にするためには改めて政令で規定する必要があったわけです。

　これに対して、②の政令委任については、法第3条第5項で規定した「第1項本文の政令で定める要件に該当しなくなったとき」を施行令第4条で規定していません。すなわち、この場合は「政令で定める場合」と並列関係にあることから、改めて政令で規定する必要はなかったわけです。

4 者・物・もの

　これらの用語は、日常ではいずれも「もの」と読まれますが、法令上はそれぞれ違った意味で使われています。したがって、これらを区別するために、「者」を「シャ」、「物」を「ブツ」と音読みすることがあります。

> 「者」は、一般に法律上の人格を有するものを表す場合に使われます。したがって、自然人と法人は含まれますが、それ以外の人格のない社団・財団は原則として含まれません。

■道路運送法
（一般旅客自動車運送事業の許可）
第4条　一般旅客自動車運送事業を経営しようとする者は、国土交通大臣の許可を受けなければならない。
2　（略）

> 「物」は、一般に行為の客体である有体物（民法85条参照）、物件、物質を表す場合に使われます。

■遺失物法
（趣旨）
第1条　この法律は、遺失物、埋蔵物その他の占有を離れた物の拾得及び返還に係る手続その他その取扱いに関し必要な事項を定め

るものとする。

「もの」には、いくつかの使われ方があります。

　第1に、自然人や法人のほかに人格のない社団・財団を含んでいる場合や、人格のない社団・財団だけである場合です。

■私的独占の禁止及び公正取引の確保に関する法律
第89条　次の各号のいずれかに該当するものは、5年以下の懲役又は500万円以下の罰金に処する。
　一　第3条の規定に違反して私的独占又は不当な取引制限をした者
　二　第8条第1号の規定に違反して一定の取引分野における競争を実質的に制限したもの
②　（略）

　この例で、第89条第1項第1号が「・・・取引制限をした者」と規定しているのは、第3条は事業者に私的独占又は不当な取引制限をすることを禁じた規定であるところ、「事業者」とは、「商業、工業、金融業その他の事業を行う者をいう。」（2条1項前段）と規定されていることによるものです。

　他方、第89条第1項第2号が「・・・制限したもの」と規定しているのは、第8条第1号は事業者団体に一定の取引分野における競争を実質的に制限することを禁じた規定であるところ、事業者団体は法人である場合と法人でない場合がある（2条2項参照）ことによるものです。

　なお、第89条第1項の柱書きが「・・・該当するもの」と規定されているのは、同項第2号との関係によるものです。

第2に、有体物のほかに有体物でないものを含んでいる場合や、有体物でないものだけであることを表す場合です。

■著作権法
（定義）
第2条　この法律において、次の各号に掲げる用語の意義は、当該各号に定めるところによる。
　一　著作物　思想又は感情を創作的に表現したものであつて、文芸、学術、美術又は音楽の範囲に属するものをいう。
　二～二十三　（略）
2～9　（略）

著作物は、印刷物のような物理媒体に有形的に固定されることは原則として不要とされており、たとえば、講演や即興演奏などの無形的表現も著作物となります。

第3に、関係代名詞的な用法（・・・で・・・もの）で使われる場合です。

■公職選挙法
（選挙権及び被選挙権を有しない者）
第11条　次に掲げる者は、選挙権及び被選挙権を有しない。
　一～三　（略）
　四　公職にある間に犯した刑法（・・・）第197条から第197条の4までの罪又は公職にある者等のあっせん行為による利得等の処罰に関する法律（・・・）第1条の罪により刑に処せられ、その執行を終わり若しくはその執行の免除を受けた者でその執行を終わり若しくはその執行の免除を受けた日から5年を経過しないもの又はその刑の執行猶予中の者
　五　（略）

2・3 （略）

　以上のほか、「もの」は、「前条に規定するもののほか」とか、「法律に特別の定めがあるものを除くほか」というようにさまざまな内容をまとめて表現する場合にも使われます。その意味で、「もの」は大変便利な法令用語です。

■地方自治法
（職員の派遣）
第252条の17　普通地方公共団体の長又は委員会若しくは委員は、法律に特別の定めがあるものを除くほか、当該普通地方公共団体の事務の処理のため特別の必要があると認めるときは、他の普通地方公共団体の長又は委員会若しくは委員に対し、当該普通地方公共団体の職員の派遣を求めることができる。
2・3　（略）
4　第2項に規定するもののほか、第1項の規定に基づき派遣された職員の身分取扱いに関しては、当該職員の派遣をした普通地方公共団体の職員に関する法令の規定の適用があるものとする。ただし、当該法令の趣旨に反しない範囲内で政令で特別の定めをすることができる。

5 時・とき・場合

　これらの用語については、「時（とき）」と「とき」の区別、「とき」と「場合」の区別を確認しておく必要があります。

> 　まず、「時」と「とき」の区別ですが、法令上、「時」は時点や時刻を強調する場合に使われるのに対し、「とき」は仮定的条件を表す場合に使われるのが原則です。

■民法
　（所有権の取得時効）
第162条　（略）
2　10年間、所有の意思をもって、平穏に、かつ、公然と他人の物を占有した者は、その占有の開始の時に、善意であり、かつ、過失がなかったときは、その所有権を取得する。

　次に、「とき」と「場合」の区別ですが、両者はともに仮定的条件を表す場合に使われており、その際、どちらを使うかについて明確な基準があるわけではありません。慣用やその文脈の中における語感によってどちらを使うのかが決められます。

■地方自治法
　（地域協議会の権限）
第202条の7　（略）
2　市町村長は、条例で定める市町村の施策に関する重要事項であ

つて地域自治区の区域に係るものを決定し、又は<u>変更しようとする場合においては</u>、あらかじめ、地域協議会の意見を聴かなければならない。
3　（略）
第259条　郡の区域をあらたに画し若しくはこれを廃止し、又は郡の区域若しくはその名称を<u>変更しようとするときは</u>、都道府県知事が、当該都道府県の議会の議決を経てこれを定め、総務大臣に届け出なければならない。
②〜⑤　（略）

> しかし、同じ条文中で、大きな仮定的条件と小さな仮定的条件とを規定するときは、大きな仮定的条件には「場合」を、小さな仮定的条件には「とき」を使うのが原則とされています。

■民法
（責任能力）
第712条　未成年者は、<u>他人に損害を加えた場合において</u>、自己の行為の責任を弁識するに足りる<u>知能を備えていなかったときは</u>、その行為について賠償の責任を負わない。

なお、「場合」は、前に規定された内容を包括的に受ける場合にも使われます。前の規定の位置によって、「この場合において」（後段として付加された場合）、「前項の場合において」、「第○項の場合において」、「前条の場合において」、「第○条の場合において」、というような使われ方をします。

6 直ちに・速やかに・遅滞なく

　いずれも時間的近接性を表す用語ですが、法令上は若干ニュアンスに違いがあります。時間的即時性が最も強いのが「直ちに」で、「速やかに」、「遅滞なく」の順に時間的即時性が弱くなります。
　「直ちに」の場合は、一切の遅延を許さないと解されており、また、「遅滞なく」の場合は、合理的な理由があれば、その限りでの遅延は許されると解されています。

■地方自治法

第7条　市町村の廃置分合又は市町村の境界変更は、関係市町村の申請に基き、都道府県知事が当該都道府県の議会の議決を経てこれを定め、<u>直ちに</u>その旨を総務大臣に届け出なければならない。

②～⑧　（略）

（許認可等の標準処理期間）

第250条の3　（略）

2　国の行政機関又は都道府県の機関は、申請等が法令により当該申請等の提出先とされている機関の事務所に到達したときは、<u>遅滞なく</u>当該申請等に係る許認可等をするための事務を開始しなければならない。

（広域計画）

第291条の7　広域連合は、当該広域連合が設けられた後、<u>速やかに</u>、その議会の議決を経て、広域計画を作成しなければならない。

2～6　（略）

「直ちに」や「遅滞なく」は、これらに違反した場合、不当又は違法と判断されるのが通例であるのに対し、「速やかに」は、訓示的な意味で使われる場合が多いとされています。

　もっとも、これらの違反に対して罰則があるかどうかについては一概にいえず、個々の法令に当たって確認する必要があります。たとえば、探偵業者も宅地建物取引業者も、依頼者と契約を締結したときは、「遅滞なく」、一定の事項を記載した書面を依頼者に交付しなければなりませんが（探偵業の業務の適正化に関する法律8条2項、宅地建物取引業法34条の2第1項）、これに違反して書面を交付しなかった場合、探偵業者は30万円以下の罰金に処せられる（探偵業の業務の適正化に関する法律19条3号）のに対し、宅地建物取引業者については罰則はありません（ただし、業務停止の規定はあります。65条2項2号・4項2号）。

　なお、「直ちに」は、即時というよりも、通常の場合に踏むべき一定の手続を経ずに、という意味合いで使われることがあります。たとえば、普通地方公共団体の議会の「臨時会は、必要がある場合において、その事件に限りこれを招集する。」とされ、「臨時会に付議すべき事件は、普通地方公共団体の長があらかじめこれを告示しなければならない。」などとされていますが（地方自治法102条3項～5項）、「臨時会の開会中に緊急を要する事件があるときは、前3項の規定にかかわらず、直ちにこれを会議に付議することができる。」とされています（同条6項）。

7 から○日・から起算して○日

　法令上、期間に関する規定は数多く見られますが、期間の開始時点や終了時点がいつなのかは、法令上の効果を考える上できわめて重要です。

　期間の計算に関しては、民法に原則が定められています（138条～143条）。この原則は、私法上の期間計算のみならず、公法上の期間計算についても適用されます。

　たとえば、期間を日、週、月又は年で定めた場合は、期間の初日は算入されず、翌日から起算します（140条本文）。これを初日不算入の原則といいます。ただし、その期間が午前零時から始まるときは、その日から起算します（140条ただし書）。

　また、期間を日、週、月又は年で定めた場合は、期間の末日が終了したとき、すなわち末日の午後12時が経過したときに期間が満了します（141条）。ただし、期間の末日が日曜・祝日等の休日であり、かつ、その日に取引をしない慣習がある場合は、その翌日に期間が満了します（142条）。

> 法令で「・・・から○日」と規定されているときは、初日不算入の原則を意味しています。

■地方自治法
　（外部監査契約を締結できる者）
第252条の28　（略）
2　（略）

> 3 前2項の規定にかかわらず、普通地方公共団体は、次の各号のいずれかに該当する者と外部監査契約を締結してはならない。
> 一～三 （略）
> 四 国家公務員法（・・・）又は地方公務員法の規定により懲戒免職の処分を受け、当該処分の日から3年を経過しない者
> 五～十一 （略）

なお、「年齢ハ出生ノ日ヨリ之ヲ起算ス」（年齢計算ニ関スル法律1項）や「衆議院議員の任期は、総選挙の期日から起算する。」（公職選挙法256条本文）のように、個別法で初日を算入することを規定している場合があります。

「・・・日から起算して○日（月・年）」と規定している場合は、「その日」を起算日として期間を計算します。初日不算入の原則の例外ですが、「その日」自体が特定の日の「翌日」である場合が多いです。

■国家公務員法
（定年による退職の特例）
第81条の3　（略）
② 任命権者は、前項の期限又はこの項の規定により延長された期限が到来する場合において、前項の事由が引き続き存すると認められる十分な理由があるときは、人事院の承認を得て、1年を超えない範囲内で期限を延長することができる。ただし、その期限は、その職員に係る定年退職日の翌日から起算して3年を超えることができない。

8 以下・未満、以上・超える、以前・前、以後・後、以内・内

　日常生活では、これらの用語をあまり区別しないで使うことがありますが、法令上は、ある値が含まれるかどうかが法律効果をもたらす上で決定的に重要になるため、明確に区別して使われています。

> 以下個別に説明しますが、「以下」・「以上」など「以」のついた用語は基準となる数量・時点等を含み、「未満」・「超える」など「以」のつかない用語はそれらを含まないということがポイントです。

　「以下」は、基準となる数量を含んで、それよりも少ない数量を表します。これに対して、「未満」（「満たない」）は、一定の基準に達しない数量を指し、その基準となる数量は含みません。

　「以上」は、基準となる数量を含んで、それよりも多い数量を表します。これに対して「超える」は、基準となる数量を含まずに、その基準よりも多い数量を表します。

■刑法
　（懲役）
第12条　懲役は、無期及び有期とし、有期懲役は、<u>1月以上20年以下</u>とする。
2　（略）
　（罰金）
第15条　罰金は、<u>1万円以上</u>とする。ただし、これを減軽する場合においては、<u>1万円未満</u>に下げることができる。

> （労役場留置）
> 第18条　（略）
> 2　（略）
> 3　罰金を併科した場合又は罰金と科料とを併科した場合における留置の期間は、<u>3年を超える</u>ことができない。科料を併科した場合における留置の期間は、<u>60日を超える</u>ことができない。
> 4～6　（略）
> （責任年齢）
> 第41条　<u>14歳に満たない</u>者の行為は、罰しない。

　刑法第15条は、「以上」と「未満」を組み合わせて、「1万円以上」、「1万円未満」と規定しています。これにより「1万円」は本文の方に含まれ、ただし書に含まれていないことになります。

　なお、「超えない範囲内で」という場合は、基準値を含んでいます。たとえば、次の例では、上限の「2年」を含んでいます。

> ■民法
> （親権停止の審判）
> 第834条の2　（略）
> 2　家庭裁判所は、親権停止の審判をするときは、その原因が消滅するまでに要すると見込まれる期間、子の心身の状態及び生活の状況その他一切の事情を考慮して、<u>2年を超えない範囲内で</u>、親権を停止する期間を定める。

　「以前」は、基準となる時点を含んで、それより前への時間的間隔又は時間の継続を表します。これに対して、「前」は、基準となる時点を含まないで、それより前への時間的間隔又は時間の継続を表します。

　「以後」は、基準となる時点を含んで、それより後への時間的間

隔又は時間の継続を表します。これに対して、「後」は、基準となる時点を含まないで、それより後への時間的間隔又は時間の継続を表します。

「以内」は、基準値（最終数量、最終時点）を含んで、数量等の一定限度を表します。たとえば、「60日以内」は60日目を含み（次の地方自治法261条3項参照）、「30メートル以内」は30メートルを含みます。これに対して、「内」は、基準値を含まないで、数量等の一定限度を表します。もっとも、「3日以内」と「3日内」（次の商業登記法145条参照）のように期間を表す場合は、最終時点（その瞬間）を含むか否かという違いだけなので、両者の間に実質的な差異はありません。

■労働基準法

第12条　この法律で平均賃金とは、これを算定すべき事由の発生した日以前3箇月間にその労働者に対し支払われた賃金の総額を、その期間の総日数で除した金額をいう。（略）

② ～ ⑧　（略）

■地方自治法

第74条　（略）

② ～ ④　（略）

⑤　第1項の選挙権を有する者とは、公職選挙法（・・・）第22条の規定による選挙人名簿の登録が行なわれた日において選挙人名簿に登録されている者とし、その総数の50分の1の数は、当該普通地方公共団体の選挙管理委員会において、その登録が行なわれた日後直ちにこれを告示しなければならない。

⑥ ～ ⑨　（略）

第145条　普通地方公共団体の長は、退職しようとするときは、その退職しようとする日前、都道府県知事にあつては30日、市町

> 村長にあつては20日までに、当該普通地方公共団体の議会の議長に申し出なければならない。(略)
>
> 第261条　(略)
> ② 　(略)
> ③ 　前項の規定による通知があつたときは、関係普通地方公共団体の長は、<u>その日から31日以後60日以内</u>に、選挙管理委員会をして当該法律について賛否の投票を行わしめなければならない。
> ④・⑤ 　(略)
>
> ■**商業登記法**
> 第145条　登記官は、審査請求を理由がないと認めるときは、<u>その請求の日から3日内</u>に、意見を付して事件を第142条の法務局又は地方法務局の長に送付しなければならない。

　地方自治法第145条の「その退職しようとする日前、都道府県知事にあつては30日、市町村長にあつては20日までに」というのは、退職しようとする日の前日を第1日として、逆に計算して30日目又は20日目までに退職を申し出るべきことを意味しています。

　なお、「以後」と同義で「以降」という用語がありますが、ある時点以後、制度的に継続するというニュアンスを含んでいます。また、「○○から△△まで」(**ex.**「平成27年3月1日から同年5月31日まで」)という表現も多く使われますが、この場合は、基準時点等である「○○」や「△△」を含んでいます。

9 前・次・同

「前」・「次」・「同」は、ある条文で他の条項を引用する場合に関するルールです。「前」は、直前の条・項・号などを引用する場合に使われます。「次」は、直後の条・項・号などを引用する場合に使われます。「同」は、同じ規定中で直前に表示された条・項・号・法令・年・月・日などを再度引用する場合に使われます。

■環境影響評価法

（評価書の作成）

第21条　事業者は、<u>前条</u>第1項、第4項又は第5項の意見が述べられたときはこれを勘案するとともに、第18条第1項の意見に配意して準備書の記載事項について検討を加え、当該事項の修正を必要とすると認めるとき（当該修正後の事業が対象事業に該当するときに限る。）は、次の各号に掲げる当該修正の区分に応じ当該各号に定める措置をとらなければならない。

一　第5条第1項第2号に掲げる事項の修正（・・・）　<u>同条</u>から第27条までの規定による環境影響評価その他の手続を経ること。

二　第5条第1項第1号又は第14条第1項第2号から第4号まで、第6号若しくは第8号に掲げる事項の修正（<u>前号</u>に該当する場合を除く。）　<u>次項</u>及び<u>次条</u>から第27条までの規定による環境影響評価その他の手続を行うこと。

三　<u>前2号</u>に掲げるもの以外のもの　第11条第1項及び第12条第1項の主務省令で定めるところにより当該修正に係る部分について対象事業に係る環境影響評価を行うこと。

> 2　事業者は、前項第1号に該当する場合を除き、同項第3号の規定による環境影響評価を行った場合には当該環境影響評価及び準備書に係る環境影響評価の結果に、同号の規定による環境影響評価を行わなかった場合には準備書に係る環境影響評価の結果に係る次に掲げる事項を記載した環境影響評価書（・・・）を、第2条第2項第1号イからワまでに掲げる事業の種類ごとに主務省令で定めるところにより作成しなければならない。
> 　一　第14条第1項各号に掲げる事項
> 　二　第18条第1項の意見の概要
> 　三　前条第1項の関係都道府県知事の意見又は同条第4項の政令で定める市の長の意見及び同条第5項の関係都道府県知事の意見がある場合にはその意見
> 　四　前2号の意見についての事業者の見解

　上の例において、「前○」、「次○」、「同○」が指している条・項・号は、それぞれ次のとおりです。

・第21条第1項の「前条」＝第20条
・第21条第1項第1号の「同条」＝第5条
・第21条第1項第2号の「前号」＝第21条第1項第1号、「次項」＝第21条第2項、「次条」＝第22条
・第21条第1項第3号の「前2号」＝第21条第1項第1号・第2号
・第21条第2項の「前項」＝第21条第1項、「同項」＝前項（第21条第1項）、「同号」＝同項（前項）第3号
・第21条第2項第3号の「前条」＝第20条、「同条」＝前条（第20条）
・第21条第2項第4号の「前2号」＝第21条第2項第2号・第3号

「前」・「次」の使い方を整理すると、次のようになります。
○直前の条・項・号を引用する場合は、「前条」・「前項」・「前号」と表現します。
○直前の連続する２つ又は３つの条・項・号を引用する場合は、「前２条」・「前２項」・「前２号」又は「前３条」・「前３項」・「前３号」と表現し、直前の連続する４つ以上の条・項・号を引用する場合は、「第○条から前条まで」・「第○項から前項まで」・「第○号から前号まで」と表現します。「前４条」・「前５号」などの表現は使いません。
○直前の連続する条・項・号のすべてを引用する場合は、引用する条・項・号の数が２つ又は３つのときは、上記と同様に、「前２条」・「前２項」・「前２号」又は「前３条」・「前３項」・「前３号」と表現しますが、引用する条・項・号の数が４つ以上のときは、「前各条」・「前各項」・「前各号」と表現します。
○直後の条・項・号を引用する場合は、「次条」・「次項」・「次号」と表現します。
○直後の連続する複数の条・項・号を引用する場合は、「次条及び第○条」（２つの条を引用する場合）、「次項から第○項まで」（３つ以上の項を引用する場合）などと表現します。「次○条」・「次○項」・「次○号」という表現はしません。「前」と異なり、「次」の場合は、複数の規定をまとめて表現しないわけです。
○以上の説明は、編・章・節についても基本的に当てはまります。

また、「同」の使い方をまとめると、次のようになります。
○ある条文中に引用された条・項・号などを直後に再度引用する場合には、「同条」・「同項」・「同号」と表現します。
○「同」が使えるのは、中間に異なる条・項・号が入らない場合に

限ります。
○「同」は、同一の項の中でのみ使います。直前の項で引用している条・項・号を「同」で受けることはできません。
○ある条・項・号を引用して、その後の括弧内に異なる条・項・号が引用され、さらに再度先の条・項・号を引用する場合は、「同」を使わずにもう一度「第〇条」、「第〇条第1項」などと書き直します（ex.「・・・第A条・・・（・・・第B条・・・）・・・第A条・・・」）。途中で括弧書があっても、紛れがないときは「同」を使用して差し支えありません（ex.「・・・第A条・・・（・・・）・・・同条・・・」）。
○先行する条・項・号が「前条」・「前項」・「前号」・「次条」・「次項」・「次号」となっている場合も、直後にそれらを再度引用する場合は、「同条」・「同項」・「同号」と表現します。
○「同条同項」・「同条同号」・「同項同号」という表現は使わず、単に「同項」・「同号」と表現します。
○「同」は、「同法」（法律の場合）・「同令」（政省令の場合）・「同日」という形で、直前の特定の法令や特定の期日を指す場合にも使います。ただし、附則などで「新法」、「旧法」、「法律第〇〇号」、「施行日」、「適用日」などの略称を作ったときは、それ以降は、「同法」や「同日」で受けないで、その略称を使います。

10 以下同じ

「以下同じ」は、条文中で用語の定義をした場合等において、表現の繰り返しを避け条文を簡潔にするために使われます。

単に「以下同じ」という使い方がされている場合は、定義をした条項以降の同じ用語すべてにその定義が及びます。

■民法
（後見開始の審判の取消し）
第10条　第7条に規定する原因が消滅したときは、家庭裁判所は、本人、配偶者、4親等内の親族、後見人（未成年後見人及び成年後見人をいう。以下同じ。）、後見監督人（未成年後見監督人及び成年後見監督人をいう。以下同じ。）又は検察官の請求により、後見開始の審判を取り消さなければならない。

「以下この条（項・章・節・款）において同じ」という使い方がされている場合は、定義をした条項以降のうちの特定の範囲内にある同じ用語にだけその定義が及びます。

■民法
（受遺者に対する遺贈の承認又は放棄の催告）
第987条　遺贈義務者（遺贈の履行をする義務を負う者をいう。以下この節において同じ。）その他の利害関係人は、受遺者に対し、相当の期間を定めて、その期間内に遺贈の承認又は放棄をすべき旨の催告をすることができる。（略）

民法第987条は、民法第5編（相続）第7章（遺言）第3節（遺言の効力）にある規定ですが、「遺贈義務者」の定義は、この第3節にだけ及びます。

　「第○条（項・章・節・款）を除き、以下同じ」という使い方がされている場合は、特定の条項等を除いて、定義をした条項以降の同じ用語すべてにその定義が及びます。

> ■公益的法人等への一般職の地方公務員の派遣等に関する法律
> （目的）
> 第1条　この法律は、地方公共団体が人的援助を行うことが必要と認められる公益的法人等の業務に専ら従事させるために職員（地方公務員法（・・・）第4条第1項に規定する職員をいう。<u>第7条を除き、以下同じ。</u>）を派遣する制度等を整備することにより、公益的法人等の業務の円滑な実施の確保等を通じて、地域の振興、住民の生活の向上等に関する地方公共団体の諸施策の推進を図り、もって公共の福祉の増進に資することを目的とする。

　なお、位置が離れた特定の条項等にある同じ用語にだけ定義を及ぼす場合は、単に「第○条（項・章・節・款）において同じ」という表現が使われます。

　ある用語について、「・・・を含む」、「・・・を除く」、「・・・に限る」というようにその用語の意味の範囲を確定することがありますが、その後の条文中の同じ用語すべてについて同じ意味とする場合にも、「以下同じ」が使われます。

> ■障害者の雇用の促進等に関する法律
> （雇用に関する国及び地方公共団体の義務）
> 第38条　国及び地方公共団体の任命権者（委任を受けて<u>任命権を</u>

行う者を除く。以下同じ。）は、職員（当該機関（当該任命権者の委任を受けて任命権を行う者に係る機関を含む。以下同じ。）に常時勤務する職員であつて、警察官、自衛官その他の政令で定める職員以外のものに限る。以下同じ。）の採用について、当該機関に勤務する身体障害者又は知的障害者である職員の数が、当該機関の職員の総数に、第43条第２項に規定する障害者雇用率を下回らない率であつて政令で定めるものを乗じて得た数（・・・）未満である場合には、身体障害者又は知的障害者である職員の数がその率を乗じて得た数以上となるようにするため、政令で定めるところにより、身体障害者又は知的障害者の採用に関する計画を作成しなければならない。

２〜５　（略）

　また、条文中の一部の用語を置き換えて適用させる場合がありますが、その後の条文中の同じの用語すべてについて同様の置換えをする場合にも、「以下同じ」が使われます。

■高等学校等就学支援金の支給に関する法律
　（就学支援金の支給）
第６条　都道府県知事（支給対象高等学校等が地方公共団体の設置するものである場合（・・・）にあっては、都道府県教育委員会。以下同じ。）は、受給権者に対し、就学支援金を支給する。

２〜４　（略）

11 することができる・することができない

「することができる」は、法律上の権利・能力・権限などがあることを表す場合に使われます。

■民法
（協議上の離婚）
第763条　夫婦は、その協議で、離婚をすることができる。
（遺言能力）
第961条　15歳に達した者は、遺言をすることができる。

　法律上これらの権利等を与えられた場合でも、その権利等を行使するか否かは、これらの権利等を与えられた者が自由に決定することができるのが原則です。

　しかし、特に行政機関に権限が付与されている場合、その権限発動が自由裁量に任されているか否かは、その本来の職務や地位などを勘案した上で考えなければなりません。たとえば、次の地方自治法の例を見てください。

■地方自治法
第14条　普通地方公共団体は、法令に違反しない限りにおいて第2条第2項の事務に関し、条例を制定することができる。
②　普通地方公共団体は、義務を課し、又は権利を制限するには、法令に特別の定めがある場合を除くほか、条例によらなければならない。

③　普通地方公共団体は、法令に特別の定めがあるものを除くほか、その条例中に、条例に違反した者に対し、2年以下の懲役若しくは禁錮、100万円以下の罰金、拘留、科料若しくは没収の刑又は5万円以下の過料を科する旨の規定を設けることができる。

　第14条第1項は、普通地方公共団体に条例制定権を認めています。この規定だけを読むと、条例を定めるのは普通地方公共団体の自由であると思われます。しかし、現実には普通地方公共団体が処理する事務に関して条例で定めなければならないことはたくさんあります。また、義務を課し又は権利を制限する事項を定めようとすれば条例を制定しないわけにはいきません（同条2項）。その意味で、条例の制定は、普通地方公共団体にとって権限であると同時に義務でもあると解されます。また、条例中に条例に違反した者に対する罰則規定を設けることができますが（同条3項）、条例中の義務規定や禁止規定の実効性を罰則によって担保する必要性は当然あることから、これも権限であると同時に義務でもあると解されます。

　「することができない」は、法律上の権利・能力・権限がないことを表す場合に使われます。

■民法
（再婚禁止期間）
第733条　女は、前婚の解消又は取消しの日から100日を経過した後でなければ、再婚をすることができない。
2　（略）
■地方公務員法（平成26年法律第34号による改正後）
（欠格条項）

> 第16条　次の各号のいずれかに該当する者は、条例で定める場合を除くほか、職員となり、又は<u>競争試験若しくは選考を受けることができない</u>。
> 一　成年被後見人又は被保佐人
> 二　禁錮以上の刑に処せられ、その執行を終わるまで又はその執行を受けることがなくなるまでの者
> 三〜五　（略）

　「することができない」という規定に反する行為について、通常、罰則が置かれていることはありません。しかし、その行為は法律上瑕疵（欠陥のこと）があることになり、その効力が問題になります。

　民法の例では、この規定に違反した届出は受理できませんが（民法740条）、誤って受理された場合には、婚姻取消しの事由となります（民法744条）。地方公務員法の例では、欠格条項に該当する者を誤って職員として採用した場合には、このような採用は、明らかに法律に違反し、しかもその違反がきわめて重大なことから、当然に無効と解されています。しかし、その者がその間に行った行為は、事実上の公務員の理論により有効とされています。

　なお、「することができない」という規定に違反した行為を明文で無効としている例もあります。たとえば、地方自治法に「公有財産に関する事務に従事する職員は、その取扱いに係る公有財産を譲り受け、又は自己の所有物と交換することができない。」という規定がありますが（238条の3第1項）、この「規定に違反する行為は、これを無効とする。」とされています（同条2項）。

12 しなければならない・してはならない

「しなければならない」は、作為義務（ある行為を行う義務のこと）を定める場合に使われます。

■建物の区分所有等に関する法律

（規約事項）
第30条　（略）
2〜4　（略）
5　規約は、書面又は電磁的記録（電子的方式、磁気的方式その他人の知覚によつては認識することができない方式で作られる記録であつて、電子計算機による情報処理の用に供されるものとして法務省令で定めるものをいう。以下同じ。）により、これを作成しなければならない。

（規約の保管及び閲覧）
第33条　規約は、管理者が保管しなければならない。（略）
2　（略）
3　規約の保管場所は、建物内の見やすい場所に掲示しなければならない。

作為義務を定めた規定に違反した場合に、制裁措置を設けるか、また制裁措置を設ける場合にどのような内容とするかは、それらの義務の内容によって異なります。上の例では、第33条第1項の保管義務の違反に対しては罰則がありますが（71条1号）、第30条第5項の作成義務と第33条第3項の掲示義務の違反に対しては罰

則がありません。

なお、「しなければならない」と同じ意味で「義務がある」と規定している例もあります。

■**消費税法**
（納税義務者）
第5条　事業者は、国内において行つた課税資産の譲渡等につき、この法律により、<u>消費税を納める義務がある</u>。
2　（略）

> 「してはならない」は、ある行為を禁止し、**不作為義務**（ある行為をしない義務のこと）を定める場合に使われます。

■**労働基準法**
（均等待遇）
第3条　使用者は、労働者の国籍、信条又は社会的身分を理由として、賃金、労働時間その他の労働条件について、<u>差別的取扱をしてはならない</u>。
（補償を受ける権利）
第83条　（略）
②　補償を受ける権利は、これを<u>譲渡し、又は差し押えてはならない</u>。

不作為義務を定めた規定に違反した場合も、どのような制裁措置を設けるかは、それらの義務の内容によって異なります。上の例では、第3条の差別的取扱い禁止の違反に対しては罰則がありますが（119条1号）、第83条第2項の譲渡・差押え禁止の違反に対しては罰則がありません。

また、義務規定に違反して行為が行われた場合でも、その行為が直ちに無効になるわけではありません。たとえば、アルコールの販売を業として行おうとする者は経済産業大臣の許可を受けなければなりませんが（アルコール事業法21条1項）、無許可でアルコールの販売を行ったとしても、その売買自体の効力が否定されるわけではありません。

　もっとも、その違反行為が重大なものと考えられる場合は、明文の規定でその行為の効力を否定することがあります。

> ■農地法
> （農地又は採草放牧地の権利移動の制限）
> 第3条　農地又は採草放牧地について所有権を移転し、又は地上権、永小作権、質権、使用貸借による権利、賃借権若しくはその他の使用及び収益を目的とする権利を設定し、若しくは移転する場合には、政令で定めるところにより、当事者が農業委員会の<u>許可を受けなければならない</u>。（略）
> 2～6　（略）
> 7　<u>第1項の許可を受けないでした行為は、その効力を生じない。</u>

　また、明文の規定がなくとも、民法第90条の公序良俗違反として無効とされることもあります。

　義務違反の行為について罰則その他の制裁措置（**ex.** 許可の取消し、懲戒処分）もなく、法律行為の効力にも関係がないようなものは、訓示規定といわれます。たとえば、道路交通法第12条第1項は、「歩行者は、道路を横断しようとするときは、横断歩道がある場所の附近においては、その横断歩道によつて道路を横断しなければならない。」と規定していますが、これに違反したからといって制裁措置はありません。

訓示規定は、国民の義務だけではなく、「政府（○○大臣、行政機関の長、都道府県知事）は、・・・講じなければならない（講ずるものとする。）」といった表現で行政機関に義務を課す場合にも多く見られます（**ex.**子ども・子育て支援法3条2項・3項）。もっとも、行政機関は、その義務を履行するのが当然であると考えられており、制裁措置がないからといって義務を履行しなくても許されるというわけではありません。

　なお、義務まで課すことが適当ではない場合に、「努めなければならない」などの努力義務にとどめていることがあります。このような努力義務については、これに違反したか否かは認定しがたいので、違反に対する罰則は設けられていません。

■スポーツ基本法
（スポーツ施設の整備等）
第12条　国及び地方公共団体は、国民が身近にスポーツに親しむことができるようにするとともに、競技水準の向上を図ることができるよう、スポーツ施設（スポーツの設備を含む。以下同じ。）の整備、利用者の需要に応じたスポーツ施設の運用の改善、スポーツ施設への指導者等の配置その他の必要な施策を講ずるよう努めなければならない。
2　前項の規定によりスポーツ施設を整備するに当たっては、当該スポーツ施設の利用の実態等に応じて、安全の確保を図るとともに、障害者等の利便性の向上を図るよう努めるものとする。

13 する

「・・・する。」など動詞の終止形は、法規範の内容を創設的に宣言する場合に使われます。そのような行為が法令上当然に行われる、ないしは法令上そのように取り扱うという意味になります。肯定形ではなく否定形(「しない。」)の場合もあります。

■**地方自治法**
第101条　普通地方公共団体の議会は、普通地方公共団体の長がこれを招集する。
②〜⑦　（略）
第119条　会期中に議決に至らなかつた事件は、後会に継続しない。

終止形の中でも、「・・・とする。」とされている場合は、法令上創設的であると同時に拘束的な意味が若干強くなります。

■**地方自治法**
第1条の3　地方公共団体は、普通地方公共団体及び特別地方公共団体とする。
②　普通地方公共団体は、都道府県及び市町村とする。
③　特別地方公共団体は、特別区、地方公共団体の組合及び財産区とする。

14 ものとする

「ものとする」は、法令上独特のニュアンスを持つ用語で、いろいろな場合に使われます。

第1に、物事の原則や建前を表す場合に使われます。

■地方自治法
（会計年度及びその独立の原則）
第208条　普通地方公共団体の会計年度は、毎年4月1日に始まり、翌年3月31日に終わるものとする。
2　（略）

もっとも、例外が認められるのは、これを許容する規定がある場合に限ります。

■民法
（法定相続分）
第900条　同順位の相続人が数人あるときは、その相続分は、次の各号の定めるところによる。
一～三　（略）
四　子、直系尊属又は兄弟姉妹が数人あるときは、各自の相続分は、相等しいものとする。ただし、父母の一方のみを同じくする兄弟姉妹の相続分は、父母の双方を同じくする兄弟姉妹の相続分の2分の1とする。

> 第2に、一定の行為を義務付ける場合に使われます。

　この場合は、取扱いの原則や方針を宣言するというニュアンスで使われており、「しなければならない」ほどの強い拘束力はありません。場合によっては、合理的な理由があればこれに従わないことも許されるということもあり得ます。

■地方自治法
（経費の支弁等）
第232条　普通地方公共団体は、当該普通地方公共団体の事務を処理するために必要な経費その他法律又はこれに基づく政令により当該普通地方公共団体の負担に属する<u>経費を支弁するものとする</u>。
2　（略）

　この意味での「ものとする」は、行政機関に対して使われることが多く、相手方が行政機関なので、原則を示しておけばそれに反することはしないだろうと期待されているわけです。これに対して、相手方が行政機関の場合でも、明確に義務付けをしておく必要がある場合は、「しなければならない」が使われます。

> 第3に、解釈上の誤解を避けるために使われることがあります。

　たとえば、「○○の規定は、・・・について適用する」と言い切ると、本来適用がないのに創設的に適用を認めた規定と解される余地があるので、誤解を避けるために、「適用があるものとする」と表現する場合です。このような規定は、「入念規定」ともいわれます。

■文化財保護法

（遺失物法の適用）

第108条　埋蔵文化財に関しては、この法律に特別の定めのある場合のほか、遺失物法の適用があるものとする。

　文化財保護法は遺失物法の特別法であり、埋蔵文化財については、遺失物法第1条に規定する「埋蔵物」の一態様でありながら、遺失物法の一部が適用されないことになります。

　なお、確認ではなく創設的な意味を持たせる場合にも、「適用があるものとする」と規定することもあるので注意が必要です。

　第4に、「ものとする」は、法文上の語感から使われている場合があります。準用規定における読替規定もこの例です。この場合は、「ものとする」がなくても、その法文の意味に変わりはありません。

■民法

（婚姻の取消し等の規定の準用）

第808条　第747条及び第748条の規定は、縁組について準用する。この場合において、第747条第2項中「3箇月」とあるのは、「6箇月」と読み替えるものとする。

2　（略）

15 推定する・みなす

「推定する」は、法令の取扱い上、事実はこうだと一応決めておく場合に使われます。それが本当の事実と異なる場合には、証拠（反証）をあげてこれを否定することができます。

■破産法
（破産手続開始の原因）
第15条　債務者が支払不能にあるときは、裁判所は、第30条第1項の規定に基づき、申立てにより、・・・破産手続を開始する。
2　債務者が支払を停止したときは、支払不能にあるものと推定する。

これに対し、「みなす」は、本来性質の違うものを一定の法律関係において同様に取り扱う場合に使われます。

■日本年金機構法
（役員及び職員の地位）
第20条　機構の役員及び職員（・・・）は、刑法（・・・）その他の罰則の適用については、法令により公務に従事する職員とみなす。

この規定があることにより、たとえば、日本年金機構の役職員は、公務員と同様に収賄罪の主体となり、「その職務に関し、賄賂を収受し、又はその要求若しくは約束をしたときは、5年以下の懲役に

処」せられます（刑法197条1項前段）。

　また、失踪宣告を受けた者は、7年の期間満了時（普通失踪の場合）又は危難が去った時（危難失踪の場合）に死亡したものとみなされます（民法31条）。

　「みなす」とされた場合は、反証をあげて覆すことは認められませんが、特にその効果を覆す手続が法定されている場合もあります。

■民法
　（失踪の宣告の取消し）
　第32条　失踪者が生存すること又は前条に規定する時と異なる時に死亡したことの証明があったときは、家庭裁判所は、本人又は利害関係人の請求により、失踪の宣告を取り消さなければならない。（略）
　2　（略）

　なお、「みなすことができる」と規定されていることがあります。この場合は、その規定を援用する者（次の例では家庭裁判所）が「みなす」という法律効果を選択する裁量権を持っています。

■家事事件手続法
　（家事審判の申立ての取下げの擬制）
　第83条　家事審判の申立人（・・・）が、連続して2回、呼出しを受けた家事審判の手続の期日に出頭せず、又は・・・家事審判の手続の期日において陳述をしないで退席をしたときは、家庭裁判所は、申立ての取下げがあったものとみなすことができる。

16 準用する

> 「準用する」は、ある事項に関する規定を、それと類似する他の事項について、必要に応じて変更を加えた上で働かせる場合に使われます。これに対し、本来その規定が対象としている事項についてあてはめて働かせる場合には、「適用する」が使われます。

「準用する」は、通常、「○○の規定は、・・・に（ついて）準用する。」という構文で使われます。これを「準用規定」といいます。準用規定は、同じ取扱いとなるものについて規定の繰り返しになることを避け、簡潔にその内容を表現することができるメリットがあるため、法文では非常に多く使われています。

また、どのように準用されるのかを明確にするため、多くの場合、準用規定の後段に読替規定が置かれています。

■**民法**
（成年被後見人の婚姻）
第738条　成年被後見人が婚姻をするには、その成年後見人の同意を要しない。
（婚姻の届出）
第739条　婚姻は、戸籍法（・・・）の定めるところにより届け出ることによって、その効力を生ずる。
2　（略）
（詐欺又は強迫による婚姻の取消し）
第747条　詐欺又は強迫によって婚姻をした者は、その婚姻の取消しを家庭裁判所に請求することができる。

2　前項の規定による取消権は、当事者が、詐欺を発見し、若しくは強迫を免れた後3箇月を経過し、又は追認をしたときは、消滅する。
（婚姻の規定の準用）
第812条　第738条、第739条及び第747条の規定は、協議上の離縁について準用する。この場合において、同条第2項中「3箇月」とあるのは、「6箇月」と読み替えるものとする。

たとえば、第747条の準用について、読替規定を含めて条文を書き下ろすと、次のようになります。

（詐欺又は強迫による協議上の離縁の取消し）
第○条　詐欺又は強迫によって協議上の離縁をした者は、その協議上の離縁の取消しを家庭裁判所に請求することができる。
2　前項の規定による取消権は、当事者が、詐欺を発見し、若しくは強迫を免れた後6箇月を経過し、又は追認をしたときは、消滅する。

個々の規定ではなく、他の制度や法令全体を準用することもあります。読替規定が置かれていないことが通例であり、どのように準用されるのか必ずしも明確でない場合もあることは否定できません。

■**破産法**
（民事訴訟法の準用）
第13条　破産手続等に関しては、特別の定めがある場合を除き、民事訴訟法の規定を準用する。

17 適用する

「適用する」は、法令の規定を、個別的・具体的に特定の人、特定の地域、特定の事項等について現実に発動・作用させる場合に使われます。簡単にいうと、規定をあてはめて働かせる、という意味です。法令の本則でも附則でも使われます。

まず、「適用する」が本則で使われる場合です。

第1に、法令の適用範囲を明確にする場合です。たとえば、地方公務員法第4条第1項は、「この法律の規定は、<u>一般職に属するすべての地方公務員（・・・）に適用する。</u>」と規定し、同条第2項は、「この法律の規定は、法律に特別の定がある場合を除く外、<u>特別職に属する地方公務員には適用しない。</u>」と規定しています。後者は、適用除外を定めたものです。

第2に、個々の規定について適用範囲を限定する場合です。たとえば、刑事訴訟法第60条は、被告人を勾留できる場合として、「被告人が定まつた住居を有しないとき」（1項1号）など3つの場合を定めていますが、「30万円（・・・）以下の罰金、拘留又は科料に当たる事件については、<u>被告人が定まつた住居を有しない場合に限り、第1項の規定を適用する。</u>」と規定しています（同条3項）。

第3に、擬制して適用する場合です。この場合は、「準用する」に近くなります。たとえば、民法第719条第1項前段は、「数人が共同の不法行為によって他人に損害を加えたときは、各自が連帯してその損害を賠償する責任を負う。」と規定していますが、同条第2項は、「行為者を教唆した者及び幇助した者は、<u>共同行為者とみ</u>

なして、前項の規定を適用する。」と規定しています。

　第4は、変更適用する場合です。変更適用とは、ある分野や事項についてもその規定の本来の適用対象となっているが、その分野や事項については規定の一部を別の内容に置き換えて適用するというものです。たとえば、民法第969条は、公正証書遺言の方式として、「公証人が、遺言者の口述を筆記し、これを遺言者及び証人に読み聞かせ、又は閲覧させること。」（同条3号）など5つの要件を定めていますが、第969条の2は、口がきけない者による公正証書遺言の特例を定め、その際、「この場合における同条第3号の規定の適用については、同号中「口述」とあるのは、「通訳人の通訳による申述又は自書」とする。」という読替（よみかえ）規定が置かれています。

　次に、「適用する」が附則で使われる場合です。

　一般に、法令が制定されると、その法令は施行期日以後に生じた事象に対して当然適用されます。したがって、通常は、施行期日の規定だけで十分です。しかし、施行期日の規定だけでは、どのような事象に対して新しい法令が適用されるのか明確でない場合もあります。そのような場合には、適用対象を明確にするため、適用区分の規定が置かれています。

■犯罪による収益の移転防止に関する法律の一部を改正する法律
（平成26年法律第117号）
　　　附　　則
（経過措置）
第2条　この法律による改正後の第8条の規定は、この法律の施行の日（以下「施行日」という。）以後に行われる取引について適用し、施行日前に行われた取引については、なお従前の例による。

　適用区分の規定の例としては、上の例のように施行前と施行後の

両方について規定する場合のほか、「新賠償法第9条の2の規定は、この法律の施行前に締結された原子力損害賠償責任保険契約については、適用しない。」(原子力損害の賠償に関する法律及び原子力損害賠償補償契約に関する法律の一部を改正する法律(平成26年法律第134号)附則2条4項)のように施行前についてのみ規定する場合、「この法律による改正後の不当景品類及び不当表示防止法(以下「新法」という。)第2章第3節の規定は、この法律の施行の日(・・・)以後に行われた新法第8条第1項に規定する課徴金対象行為について適用する。」(不当景品類及び不当表示防止法の一部を改正する法律(平成26年法律第118号)附則2条)のように施行後についてのみ規定する場合があります。

ところで、法令の「適用」は、法令の「施行」を前提としていますから、「施行」の時点以降に「適用」の開始時点がくるのが普通です。しかし、まれに「適用」の開始時点が「施行」の時点より前にくることもあります。これは、遡及(そきゅう)適用と呼ばれています。

この遡及適用は、みだりに行うものではないとされています(法令不遡及の原則)。それは、人がある行為をするときは、行為する時点の法令を前提としていることから、行為した後の法令によってその行為の法的効果を変更すると、法的安定性を損なうからです。特に不利益遡及は許されません。刑事罰については、憲法で事後法(遡及処罰)が禁止されています(39条)。しかし、国民の利害に直接関係ない場合や利益遡及の場合には、遡及適用の規定を置くこともあります。

> ■一般職の職員の給与に関する法律等の一部を改正する法律
>
> (平成26年法律第105号)
>
> 　　　附　則

> （施行期日等）
> 第1条　この法律は、公布の日から施行する。（略）
> 2　第1条の規定（・・・）による改正後の給与法（・・・）の規定、第4条の規定（・・・）による改正後の任期付研究員法（・・・）の規定・・・は、平成26年4月1日から適用する。

　この法律は、国家公務員の給与の引上げを内容とするもので、公布・施行されたのは平成26年11月19日です。しかし、給与の引上げ自体は4月1日に遡って実施することにしたものです。

　遡及適用とは逆に法令の規定を施行期日以後一定の期間を経過した後に初めて適用する場合があります。これを適用延期といいます。たとえば、信託業法（平成16年法律第154号）は旧法を全部改正して平成16年12月30日に施行されましたが、定型的信託約款に基づく信託契約による信託の引受けについては、「施行日から起算して6月を経過した日から適用する。」とされました（附則16条）。

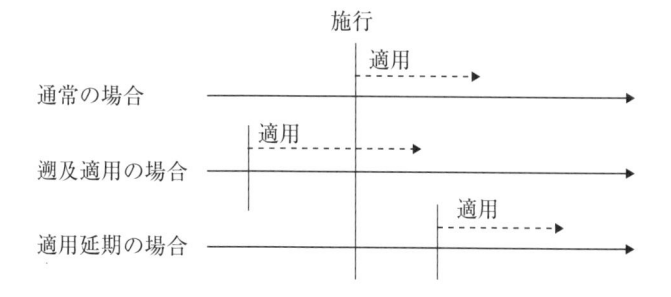

```
                    施行
                     │ 適用
                     │┄┄┄┄┄→
通常の場合      ────┼─────────→
                 適用│
                 ┄┄┄┼┄┄→
遡及適用の場合  ──┼─┼─────────→
                     │      適用
                     │      ┄┄┄┄→
適用延期の場合  ────┼──┼───────→
```

18 施行する

「施行する」は、法令の施行期日を定める際に使われます。法令は、公布されただけではまだ効力を生じておらず、施行されてはじめて現実に働き出します。

法令の施行期日の規定は、法令の附則の冒頭に置かれますが、施行期日の定め方は、法令それぞれの事情によってさまざまです。

① 公布の日から施行する方式

この方式は、国民への周知期間も行政側の準備期間も不要である場合に採用されます。一般的には、法令の内容が国民の利益になるものや行政内部に関するものが多いといえます。

■**小規模企業振興基本法**(平成26年法律第94号)
　　附　則
（施行期日）
1　この法律は、公布の日から施行する。

これに対して、多くの法令では、法令の内容を国民に周知徹底させる期間が必要である、あるいは執行機関側の準備期間が必要である（ex. 政省令等の下位法令の立案）などの理由で、公布の日と施行期日の間に一定の期間が置かれています。特に法令の内容が国民にとって義務や負担を課すものである場合や刑罰法規である場合は、周知期間を置く必要があります。

② 公布の日から一定の期間を置いて自動的に施行する方式

■ストーカー行為等の規制等に関する法律の一部を改正する法律
（平成 25 年法律第 73 号）
　　　附　　則
（施行期日）
第 1 条　この法律は、公布の日から起算して 3 月を経過した日から施行する。ただし、第 2 条の改正規定及び附則第 3 条の規定は、公布の日から起算して 20 日を経過した日から施行する。

　この法律の附則第 2 条は、「この法律による改正後のストーカー行為等の規制等に関する法律（・・・）第 4 条第 3 項及び第 4 項の規定は、この法律の施行後に同条第 1 項の申出を受けた場合における警告について適用する。」と規定しています。「この法律の施行（の日）」とは、附則第 1 条本文の「公布の日から起算して 3 月を経過した日」を指しており、同条ただし書の「公布の日から起算して 20 日を経過した日」ではありません。

③ 確定日付で定める方式

■所得税法等の一部を改正する法律（平成 26 年法律第 10 号）
　　　附　　則
（施行期日）
第 1 条　この法律は、平成 26 年 4 月 1 日から施行する。（略）

　予算に関係する法令は、会計年度との関係から多くの場合に施行期日が 4 月 1 日とされています。

④ 他の法令・条約の効力の発生にかからせる方式

この方式は、他の法令・条約と一体をなしている法令について採用されます。

> ■少年院法及び少年鑑別所法の施行に伴う関係法律の整備等に関する法律（平成26年法律第60号）
>   附　　則
> 　この法律は、少年院法（平成26年法律第58号）の施行の日から施行する。
>
> ■原子力損害の賠償に関する法律及び原子力損害賠償補償契約に関する法律の一部を改正する法律（平成26年法律第134号）
>   附　　則
> （施行期日）
> 第1条　この法律は、原子力損害の補完的な補償に関する条約が日本国について効力を生ずる日から施行する。

⑤ 下位法令に委任する方式

この方式は、周知期間や準備期間をどの程度にすればよいか立法の段階で明確に決められないときに採用されます。具体的な施行期日は、執行機関の判断に委ねられているわけです。

> ■過労死等防止対策推進法
>   附　　則
> （施行期日）
> 1　この法律は、公布の日から起算して6月を超えない範囲内において政令で定める日から施行する。

⑥　形式的効力が同じ他の法令に委任する方式

この方式は、別に施行法を定める場合などに採用されます。

■独立行政法人国際協力機構法の一部を改正する法律
（平成 18 年法律第 100 号）
　　　附　　則
（施行期日）
第 1 条　この法律は、<u>別に法律で定める日（・・・）から施行する</u>。
（略）

この例の「別に法律で定める日」は、株式会社日本政策金融公庫法の施行に伴う関係法律の整備に関する法律（平成 19 年法律第 58 号）による改正により、「平成 20 年 10 月 1 日」に改められています。

なお、いくつかの規定の施行期日について、法令全体の施行期日と異ならせている例も結構多くあります。

■難病の患者に対する医療等に関する法律
　　　附　　則
（施行期日）
第 1 条　この法律は、平成 27 年 1 月 1 日から施行する。<u>ただし、次の各号に掲げる規定は、当該各号に定める日から施行する</u>。
　一　附則第 3 条・・・及び第 13 条の規定　公布の日
　二　第 40 条及び附則第 4 条の規定　平成 30 年 4 月 1 日

19 例による

> 「例による」は、ある事項に関する法制度を包括的に借りてきて、他の事項についても同様の取扱いをする場合に使われます。

■**少年法**
（準拠法例）
第 40 条　少年の刑事事件については、この法律で定めるものの外、<u>一般の例による</u>。

　少年法では、少年の刑事事件について、第 41 条以下で一般刑事法の特例だけを規定し、それらの特例による場合を除き、原則として刑事訴訟法、刑法などの一般刑事法を包括的に借用しています。その意味で、少年の刑事事件に関する限り、少年法は一般刑事法の特別法として位置付けられます。

　「行政事件訴訟に関し、この法律に定めがない事項については、<u>民事訴訟の例による</u>。」（行政事件訴訟法 7 条）も同様の例です。また、「・・・都道府県知事は、<u>国税徴収の例により</u>、その者から、その支給を受けた就学支援金の額に相当する金額の全部又は一部を徴収することができる。」（高等学校等就学支援金の支給に関する法律 11 条 1 項）のように条文の途中で使われることもあります。

　このように「例による」は、下位法令や場合によってはその関連規定までも含めて同様の取扱いをすることを意味します。ただ、どこまでが同様の取扱いとされるのか、わかりにくい面があることも否定できません。

「例による」は、個別的な規定を引用してこれと同様の取扱いをする場合に使われることもあります。この場合は、「準用する」と同じ意味になります。

> ■**刑法**
> （偽証）
> 第169条　法律により宣誓した証人が虚偽の陳述をしたときは、3月以上10年以下の懲役に処する。
> （自白による刑の減免）
> 第170条　前条の罪を犯した者が、その証言をした事件について、その裁判が確定する前又は懲戒処分が行われる前に自白したときは、その刑を減軽し、又は免除することができる。
> （虚偽鑑定等）
> 第171条　法律により宣誓した鑑定人、通訳人又は翻訳人が虚偽の鑑定、通訳又は翻訳をしたときは、<u>前2条の例による</u>。

この例において、「前2条の例による」とは、「（虚偽の鑑定、通訳又は翻訳をしたときは、）3月以上10年以下の懲役に処する」が、「その鑑定、通訳又は翻訳をした事件について、その裁判が確定する前又は懲戒処分が行われる前に自白したときは、その刑を減軽し、又は免除することができる」ということを意味しています。

なお、「例による」は、「なお従前の例による」という形で、法令の附則の経過措置の規定で多く使われます（詳しくは次項を参照）。

20 なお従前の例による・なおその効力を有する

法令の制定や改廃により新しい法秩序が形成されますが、これへの移行をできるだけ円滑に行うために、法令の附則に経過措置の規定が置かれることがあります。そこでよく使われる用語が、「なお従前の例による」と「なおその効力を有する」です。

まず、「なお従前の例による」の例をあげてみましょう。

■**行政不服審査法**（平成26年法律第68号）

　　附　則

（経過措置）

第3条　行政庁の処分又は不作為についての不服申立てであって、この法律の施行前にされた行政庁の処分又はこの法律の施行前にされた申請に係る行政庁の不作為に係るものについては、<u>なお従前の例による</u>。

行政不服審査法は、平成26年6月に全部改正されました（平成26年法律第68号）。その主な内容は、①異議申立てを廃止し、審査請求に一元化する、②審査請求期間（現行60日）を3か月に延長する、③処分に関与しない職員（審理員）が国民・行政庁の主張を公平に審理する、④有識者から成る第三者機関が大臣等（審査庁）の判断をチェックする、⑤不服申立てが大量にされる処分等については再審査の請求制度（選択制）を導入する、などです。この法律は、公布の日（平成26年6月13日）から起算して2年を超えない範囲内において政令で定める日から施行されます（附則1条本文）。

「なお従前の例による」は、これまで取り扱っていたのと同じように取り扱うこと、すなわち下位法令も含めた旧制度における法令の規定が実際に適用されるのと同じ取扱いをすることを意味します。したがって、この例で、「なお従前の例による」とは、この法律の施行前にされた行政庁の処分（許認可等）については、それがこれまで異議申立てができるものとされていたものであれば引き続きそれを認めるが、他方で審査請求期間は従前の60日間のままとし、審理員や第三者機関も関与させないということを意味します。

次に、「なおその効力を有する」の例をあげてみましょう。高年齢者等の雇用の安定等に関する法律第9条第2項は、平成24年9月の改正まで次のような条文でした（9条1項は変更なし）。

■**高年齢者等の雇用の安定等に関する法律**

（高年齢者雇用確保措置）

第9条　定年（・・・）の定めをしている事業主は、その雇用する高年齢者の65歳までの安定した雇用を確保するため、次の各号に掲げる措置（・・・）のいずれかを講じなければならない。

一　当該定年の引上げ

二　継続雇用制度（・・・）の導入

三　当該定年の定めの廃止

2　**事業主**は、当該事業所に、労働者の過半数で組織する労働組合がある場合においてはその労働組合、労働者の過半数で組織する労働組合がない場合においては労働者の過半数を代表する者との書面による協定により、継続雇用制度の対象となる高年齢者に係る基準を定め、当該基準に基づく制度を導入したときは、<u>前項第2号に掲げる措置を講じたものとみなす</u>。

第①章　これだけは覚えておきたい　必須の法令用語22

平成24年9月の改正で第9条第2項は廃止され、新しい条文に置き換えられましたが、その際、次の経過措置が規定されました。

■高年齢者等の雇用の安定等に関する法律の一部を改正する法律
(平成24年法律第78号)
　　附　則
(経過措置)
3　この法律の施行の際現にこの法律による改正前の第9条第2項の規定により同条第1項第2号に掲げる措置を講じたものとみなされている事業主については、同条第2項の規定は、平成37年3月31日までの間は、なおその効力を有する。(略)

すなわち、従前の第9条第2項は、平成24年9月改正により廃止されたが、改正法の施行時に従前の第9条第2項の規定により継続雇用制度の導入措置（9条1項2号）を講じたものとみなされている事業主については、改正法施行後の一定期間、第9条第2項の規定は引き続き生きていることにしたわけです。

ここで、「なお従前の例による」と「なおその効力を有する」の違いについてまとめると、次のようになります。

第1に、「なお従前の例による」の場合には、旧法令又は改正前の法令の規定は、既に効力を失っています。したがって、旧制度を適用する根拠は、「なお従前の例による」という規定それ自体です。これに対して、「なおその効力を有する」の場合には、この規定によって効力を有するものとされた旧法令の規定自体が依然として生きています。したがって、旧制度の適用の根拠は、その規定自体であり、これを改正することもできます。

第2に、「なお従前の例による」の場合には、施行令などの下位法令を含めて、ある事象についての法律関係を包括的に旧制度によ

ることとします。したがって、下位法令に関する経過措置を別に規定する必要はありません。他方、この旧制度での凍結状態を解除しないままで下位法令を改正することはできません。これに対して、「なおその効力を有する」の場合には、特定の旧法令の規定が効力を有するだけであり、その規定に基づく下位法令については、あらためて経過措置を設ける必要があります。下位法令についても効力が存続されることになると、これを改正することも可能になります。

このように両者には意味の違いがありますが、経過措置の内容によってはほぼ同じ意味になる場合があります。たとえば、刑罰法令の改廃によりある犯罪行為が全く処罰されなくなったり軽く処罰されることになる場合に、ある者については既に裁判が終わっていたので従来の刑罰が科され、他の者についてはまだ裁判が終わっていなかったため全く処罰されなかったり軽く処罰されたりするのは不公平です。罰則に関する経過措置については、おおむね次の２つの規定の仕方がありますが、いずれも、刑罰法令の改廃前の犯罪行為については改廃後も改廃前と同様に処罰しようとする趣旨です。

○「この法律の施行前にした行為に対する罰則の適用については、なお従前の例による。」
○「この法律の施行前（失効前）にした行為に対する罰則の適用については、旧法は、この法律の施行後も、なおその効力を有する。」

21 同様とする

> 「同様とする」は、ある事項について規定がある場合に、それと類似する他の事項について同じような規定を設ける際に、規定の重複を避けるために使われます。

■民法
（共同不法行為者の責任）
第719条　数人が共同の不法行為によって他人に損害を加えたときは、各自が連帯してその損害を賠償する責任を負う。共同行為者のうちいずれの者がその損害を加えたかを知ることができないときも、同様とする。
2　（略）

この例で、「同様とする」は、「各自が連帯してその損害を賠償する責任を負う」ということを意味します。

「同様とする」を使うことによって、同じ条文を再度書く必要がなくなり、条文全体が引き締まった感じになります。

このように「同様とする」は、「準用する」や「例による」と同じく、簡潔にして要を得た立法技術の1つといえますが、「同様とする」は、それがならうべき条文のすぐ後、すなわち後段や次の条・項などに置かれることが多く、「準用する」や「例による」に比べ、比較的その内容がわかりやすいといえます。

22 例とする

「例とする」は、通常はその規定が定めたとおりにすべきであるが、合理的な理由があれば、それに従わなくても法律上の義務違反とはならないことを表す場合に使われます。

■公職選挙法
別表第2（第13条関係）
　　選　挙　区　　　　　議　員　数
　北　海　道　　　　　　　　8人
　東　　　北　　　　　　　　14人
　　青　森　県
　　　（略）
　この表は、国勢調査（・・・10年ごとに行われる国勢調査に限る。）の結果によつて、更正することを例とする。

公職選挙法別表第2は、衆議院（比例代表選出）議員の選挙区及び各選挙区において選挙すべき議員の数を定めるものです。

なお、「例とする」と同じ意味の法令用語である「常例とする」を使っている例もありますが、いずれも実例はごく少数です。

■学校教育法
第85条　大学には、学部を置くことを常例とする。（略）

第 2 章

押さえておきたい
基本の法令用語 15

1 あわせて

> 「あわせて（併せて）」は、法令上「とともに」とか「同時に」という意味で接続詞又は副詞として使われます。

　古い法令ではすべて「併せて」を使い、その後一時すべて「あわせて」を使うこととされ、現在では、接続詞の場合は「あわせて」を使い、副詞の場合は「併せて」を使うことになっています。したがって、現行法の「あわせて」・「併せて」の表記だけを見てそれが接続詞なのか副詞なのかを見きわめることは困難となっています。

■日本国憲法の改正手続に関する法律

（趣旨）

第1条　この法律は、日本国憲法第96条に定める日本国憲法の改正（・・・）について、国民の承認に係る投票（・・・）に関する手続を定めるとともに、あわせて憲法改正の発議に係る手続の整備を行うものとする。

■津波防災地域づくりに関する法律

（附帯工事の施行）

第32条　津波防護施設管理者は、津波防護施設に関する工事により必要を生じた他の工事又は津波防護施設に関する工事を施行するため必要を生じた他の工事をその津波防護施設に関する工事と併せて施行することができる。

2　（略）

2 係る・関する

「係る」は、条文を書く際に語句と語句の関係を丁寧に表現すると冗長になったり複雑になったりする場合に、その関係を省略して簡潔に表現するために使われます。

■**医薬品・医療機器等の品質、有効性及び安全性の確保等に関する法律**

（卸売販売業の許可）

第34条　卸売販売業の許可は、営業所ごとに、その営業所の所在地の都道府県知事が与える。

2　（略）

3　卸売販売業の許可を受けた者（・・・）は、<u>当該許可に係る営業所</u>については、業として、医薬品を、薬局開設者等以外の者に対し、販売し、又は授与してはならない。

この例では、第34条第3項で、「当該許可」と「営業所」が「係る」で結び付けられています。両者の関係はこの規定だけからではわかりませんが、同条第1項を参照すればわかります。逆にいえば第1項があることから第3項では両者の関係については内容的なことは書かずに、「係る」を使ってさらっと表現できるわけです。このように「係る」が結び付ける語句と語句との関係は、通常、当該法令の前後の文脈からわかります。

もっとも、他の法令を参照しなければ、「係る」で結び付けられた語句の関係がわからない場合もあります。

> ■建設業法
> （参考人の意見聴取）
> 第32条　第29条の規定による許可の取消しに係る聴聞の主宰者は、必要があると認めるときは、参考人の意見を聴かなければならない。
> 2　（略）

　この例で、「許可の取消し」と「係る」によって結び付けられた「聴聞」は、行政手続法に規定されています。すなわち、行政庁は、許認可等を取り消す不利益処分をしようとするときは聴聞をしなければなりません（同法13条1項1号イ）。

　以上のほか、「係る」は、「関係行政機関の施策に係る事項」（スポーツ基本法9条3項）、「人事管理に係る事務」（行政機関の保有する個人情報の保護に関する法律14条7号ニ）、「当該使用者による障害者虐待に係る事業所の所在地」（障害者虐待の防止、障害者の養護者に対する支援等に関する法律23条）などもう少し漠然とした意味で使われることも多数あります。これらの場合は、「・・・についての」、「・・・に属する」、「・・・を行っている」、「・・・の」というようないろいろな意味で使われています。

　このように「係る」は、立法に際して便利な用語であるため、条文等の内容を簡潔に表現することが要請される見出し、章名、節名等で頻繁に使われています。

> 　「関する」は、「係る」のように語句と語句の直接的な関係に使うことはなく、もう少し広く漠然とした関係の場合に使われます。

■**民法**

（日常の家事に関する債務の連帯責任）
第761条　夫婦の一方が日常の家事に関して第三者と法律行為をしたときは、他の一方は、これによって生じた債務について、連帯してその責任を負う。（略）

「関する」や「関し（て）」は、漠然とした関係を表すだけに、どこまで含むのかが問題になることがあります。特に犯罪構成要件で使われる場合に問題になることがあり、実際に収賄罪の規定の「その職務に関し」の意味が裁判で争われました。

■**刑法**

（収賄、受託収賄及び事前収賄）
第197条　公務員が、その職務に関し、賄賂を収受し、又はその要求若しくは約束をしたときは、5年以下の懲役に処する。この場合において、請託を受けたときは、7年以下の懲役に処する。
2（略）

「その職務に関し」は、職務と賄賂との関連性を示す用語ですが、判例は、「公務員が法令上管掌するその職務のみならず、その職務に密接な関係を有するいわば準職務行為又は事実上所管する職務行為に関して賄賂を収受すれば刑法197条の罪は成立する」と判示しました（最決昭和31年7月12日刑集10巻7号1058頁）。収賄罪の保護法益は職務の公正に対する社会の信頼ですが、職務行為自体でなくとも、これと実質的に結び付いている行為に対する収賄もこれを侵害すると判断したわけです。

3 かかわらず

「かかわらず」は、一般的原則的な規定を排除してその特例を定める場合に、特例であることを表現するために使われます。

■地方自治法
第101条　普通地方公共団体の議会は、普通地方公共団体の長がこれを招集する。
②　議長は、議会運営委員会の議決を経て、当該普通地方公共団体の長に対し、会議に付議すべき事件を示して臨時会の招集を請求することができる。
③・④　（略）
⑤　第2項の規定による請求のあつた日から20日以内に当該普通地方公共団体の長が臨時会を招集しないときは、第1項の規定にかかわらず、議長は、臨時会を招集することができる。
⑥・⑦　（略）

　議会の招集権は長にあるのが原則ですが（101条1項）、一定の要件の下に例外的に議長に招集権が認められる場合があります（同条5項）。このような例外を規定する場合に、「第1項の規定にかかわらず」という文言が置かれています。この場合、このような文言がなくても解釈によって原則・例外を理解することができないわけではありませんが、解釈に疑義が生じることをできるだけ避けるために、このような文言が置かれるのが通例です。

　原則となる規定を具体的に明示せずに、「他の法律の規定にかか

わらず」というように使われている場合もあります。

> ■電子記録債権法
> （電子債権記録業の一部の委託）
> 第58条　電子債権記録機関は、主務省令で定めるところにより、電子債権記録業の一部を、主務大臣の承認を受けて、銀行等（銀行（・・・）、協同組織金融機関（・・・）その他の政令で定める金融機関をいう。以下同じ。）その他の者に委託することができる。
> 2　銀行等は、他の法律の規定にかかわらず、前項の規定による委託を受け、当該委託に係る業務を行うことができる。

　銀行等の定義は第58条第1項にあり、結局は政令で定められますが、それには銀行、信用金庫、農協・漁協など各種のものがあります。そして、それぞれについて個別の法律（ex. 銀行法、信用金庫法、農業協同組合法）で業務内容の規制が行われています。その中には、このような電子債権記録業の委託を受けることを禁止しているものがあるかもしれません。しかし、たとえそうであったとしても、この法律では特例的にこれを認めようという政策判断をしたものです。そうである以上、禁止を定めた個々具体の規定を示す必要はなく、一括して「他の法律の規定にかかわらず」と表現すれば足りるというわけです。

　「・・・に（も）かかわらず」という使い方で、「・・・であるのに」とか、「しかし」という逆接的な意味を表現することがあります。

> ■高等学校等就学支援金の支給に関する法律
> （支払の調整）
> 第10条　就学支援金を支給すべきでないにもかかわらず、就学支

> 援金の支給としての支払が行われたときは、その支払は、その後に支払うべき就学支援金の内払とみなすことができる。（略）

　このような使い方は、義務違反など否定的な評価をする場合に多く見られます。そして、その場合の対応措置（制裁措置）が書かれていることも多いです（上の例参照）。

　「にかかわらず」は、「・・・とにかかわらず」、「・・・の条件にかかわらず」といった表現で、一定の条件の有無を問うことなく、という意味で使われることもあります。

■自動車損害賠償保障法
（定義）
第2条　（略）
2　この法律で「運行」とは、人又は物を運送するとしないとにかかわらず、自動車を当該装置の用い方に従い用いることをいう。
3・4　（略）

　この例の場合、「人又は物を運送するとしないとにかかわらず」という文言がなくても法律上の意味は通じるはずですが、疑問が生じないように念のために規定したものといえます。

　なお、実際にはこの意味での「にかかわらず」の用例は少なく、「・・・を問わず」という表現の方がよく使われます。

4 各本条・正条

「各本条」は、罰則規定を定める該当条文を指す場合に使われます。

■遺失物法
第41条　第26条の規定による指示に違反した者は、6月以下の懲役又は50万円以下の罰金に処する。
第42条　次の各号のいずれかに該当する者は、30万円以下の罰金に処する。
　一　第14条の規定に違反して、書面を交付せず、又は虚偽の記載をした書面を交付した者
　二～七　（略）
第43条　法人の代表者又は法人若しくは人の代理人、使用人その他の従業者が、その法人又は人の業務に関し、前2条の違反行為をしたときは、行為者を罰するほか、その法人又は人に対しても、各本条の罰金刑を科する。

　この例の第43条のような規定を両罰規定といいますが、「各本条」は、主に両罰規定の中で使われ、ここでは「前2条」、すなわち第41条及び第42条を指します。そして、「各本条の罰金刑を科する」とは、「50万円以下の罰金に処する（こと）」（41条）又は「30万円以下の罰金に処する（こと）」（42条）を意味します。

　そのほか、「各本条」が使われている例として、「未遂を罰する場合は、各本条で定める。」（刑法44条）があります。この場合の「各

本条」には、窃盗未遂罪・強盗未遂罪（刑法243条）などがあります。

> 「正条」は、特別法において規定された事項と同様な事項について一般法においても規定されている場合に、その一般法の規定を指す場合に使われます。罰則規定の中で使われるのが通常です。

■児童手当法
（罰則）
第31条　偽りその他不正の手段により児童手当の支給を受けた者は、3年以下の懲役又は30万円以下の罰金に処する。ただし、刑法（明治40年法律第45号）に正条があるときは、刑法による。

「正条」は、「刑法に正条があるときは、刑法による」という使われ方が一般的です。上の例では、「刑法に正条があるとき」の代表例は詐欺罪（刑法246条）であり、「偽りその他不正の手段により児童手当の支給を受けた」行為が詐欺罪にも該当する場合は、詐欺罪のみが成立することになります。

刑法の「正条」とは、詐欺罪又は背任罪（刑法247条）を指すことが多いですが、詐欺罪以外に公文書偽造罪（刑法155条）や偽造公文書行使罪（刑法158条）などが成立する余地があり、また、背任罪以外に横領罪（刑法252条）などが成立する余地があります。したがって、「刑法の詐欺罪に当たるとき」とか「刑法の背任罪に当たるとき」という具体的な規定の仕方をせず、「刑法に正条があるとき」という抽象的な規定の仕方をしているわけです。

5 かつ

「かつ」(古い法令では「且つ」又は「且」)は、「及び」・「並びに」よりもっと強く用語や文章を連結させたい、連結された用語や文章が互いに密接不可分でこれに一体としての意味を持たせたいという場合に使われます。

■交通政策基本法
（目的）
第1条　この法律は、交通に関する施策について、基本理念及びその実現を図るのに基本となる事項を定め、・・・交通に関する施策を総合的かつ計画的に推進し、もって国民生活の安定向上及び国民経済の健全な発展を図ることを目的とする。
（交通の適切な役割分担及び有機的かつ効率的な連携）
第5条　交通に関する施策の推進は、徒歩、自転車、自動車、鉄道車両、船舶、航空機その他の手段による交通が、交通手段（・・・）の選択に係る競争及び国民等の自由な選好を踏まえつつそれぞれの特性に応じて適切に役割を分担し、かつ、有機的かつ効率的に連携することを旨として行われなければならない。

なお、「及び」・「並びに」には、上の接続には「並びに」を使い、下の接続には「及び」を使うというルールがありますが、「かつ」は、それらと違って特に決まった使い方はありません。

6 経由して

「経由して」は、行政庁等に対する申請や届出などを規定する場合に、直接その行政庁等に対して申請等をさせるのではなく中間機関を通じてこれをさせる場合に使われます。

■薬剤師法

（届出）

第9条　薬剤師は、厚生労働省令で定める2年ごとの年の12月31日現在における氏名、住所その他厚生労働省令で定める事項を、当該年の翌年1月15日までに、その住所地の都道府県知事を経由して厚生労働大臣に届け出なければならない。

中間機関を経由させる主な理由は、当該経由機関に申請等があった事実を知らしめるためです。この例では、都道府県知事は、薬剤師について免許取消し等の処分が行われる必要があると認めるときは、その旨を、免許取消し等の権限を有する厚生労働大臣に具申する義務を負っていること（薬剤師法8条3項）などから、都道府県知事を経由させているわけです。

中間機関を経由させる場合に、単に事実を知らしめるだけでなく、当該機関に意見を付すことを義務付けている例（暴力団員による不当な行為の防止等に関する法律32条の6第1項）や「意見を述べる（申し出る）ことができる」としている例（外国弁護士による法律事務の取扱いに関する特別措置法25条4項）などがあります。

中間機関を経由させることは、身近な機関に申請書等を提出すれ

ば足りるという意味で申請者等の便宜を図るという側面も持っています。したがって、申請者等の便宜を図ることが主たる理由の場合は、経由するかどうかは申請者等の任意とされています。

> ■ドミニカ移住者に対する特別一時金の支給等に関する法律
> （特別一時金の支給及び権利の認定）
> 第3条　（略）
> 2　（略）
> 3　国内に居住地を有しない者が行う前項の請求は、当該請求を行う者の居住地を管轄する領事官（・・・）その他最寄りの領事官（・・・）を経由して行うことができる。

　ドミニカ移住者やその遺族には特別一時金が支給されますが（3条1項）、その支給を受ける権利の認定は外務大臣が行います（同条2項）。しかし、ドミニカに居住している場合など日本国内に居住地を有しない場合は、領事官経由で請求できるとしたものです。

　組織法上の関係で直接相手方に文書の提出や報告ができない場合には、所管大臣等を経由せざるを得ません。たとえば、原子力規制委員会は、毎年、国会に対し所掌事務の処理状況を報告する義務がありますが、それは、「内閣総理大臣を経由して」行います（原子力規制委員会設置法24条）。

　なお、経由手続が定められている場合に、経由機関に文書の提出等があったときに本来の相手方である機関に到達したとみなす旨の規定が置かれていることもあります（ex. 地方税法45条の3の2第3項）。

7 この限りでない・妨げない

「この限りでない」は、通常、ただし書の結語として使われ、本文で規定された内容の全部又は一部を、特定の場合に否定し又は排除する意味を持っています。したがって、この用語が使われている場合には、どのような場合に本文のどの部分が否定され、又は排除されているのかを確認する必要があります。

■**地方自治法**
（住民監査請求）
第242条　（略）
2　前項の規定による請求は、当該行為のあつた日又は終わつた日から1年を経過したときは、これをすることができない。ただし、正当な理由があるときは、この限りでない。
3～9　（略）

この例では、ただし書は、「前項の規定による請求（住民監査請求）」は、「正当な理由があるときは」、「当該行為（ex. 違法・不当な公金支出の行為）のあつた日又は終わつた日から1年を経過した」後も可能であることを意味しています。「この限りでない」を使うことによって本文の例外を表現しているわけですが、別の面からいえばこの用語を使うことによって法文の量を節約しているともいえます。

本文の否定・排除にとどまらず積極的に別の意味を持たせる必要がある場合には、「この限りでない」は使われず、その内容を表現

した規定が置かれます。

■**原子力規制委員会設置法**
（任期）
第8条　委員長及び委員の任期は、5年とする。ただし、補欠の委員長又は委員の任期は、前任者の残任期間とする。
2・3　（略）

「妨げない」・「妨げるものではない」は、ある規定が設けられても、依然として他の制度や他の規定が働いていることを明確にする場合に使われます。

■**行政不服審査法**（平成26年法律第68号）
（執行停止）
第25条　審査請求は、処分の効力、処分の執行又は手続の続行を妨げない。
2〜7　（略）
■**裁判所の休日に関する法律**
（裁判所の休日）
第1条　次の各号に掲げる日は、裁判所の休日とし、裁判所の執務は、原則として行わないものとする。
　一　日曜日及び土曜日
　二　国民の祝日に関する法律（・・・）に規定する休日
　三　12月29日から翌年の1月3日までの日（・・・）
2　前項の規定は、裁判所の休日に裁判所が権限を行使することを妨げるものではない。

「妨げない」は、ただし書の結語として使われる場合が多いですが、

独立した条項や後段などでもしばしば使われています。「妨げるものではない」は、ただし書で使われることはあまり多くありません。

「妨げない」・「妨げるものではない」は、他の規定や制度の適用が排除されるものではないという消極的な意味を持つに過ぎません。それ以上に積極的な内容を規定しようとする場合は、「妨げない」を使わずに直接的な規定を置くか、次の例のように「妨げない」を使いつつ、ただし書や後段を置いて補足する必要があります。

> ■**刑法**
> （外国判決の効力）
> 第5条　外国において確定裁判を受けた者であっても、同一の行為について<u>更に処罰することを妨げない。</u>ただし、犯人が既に外国において言い渡された刑の全部又は一部の執行を受けたときは、刑の執行を減軽し、又は免除する。
>
> ■**著作権法**
> （損害の額の推定等）
> 第114条　（略）
> 2・3　（略）
> 4　前項の規定は、<u>同項に規定する金額を超える損害の賠償の請求を妨げない。</u>この場合において、著作権、出版権又は著作隣接権を侵害した者に故意又は重大な過失がなかったときは、裁判所は、損害の賠償の額を定めるについて、これを参酌することができる。

8 その効力を失う

「その効力を失う」は、臨時的・暫定的な性格を有する法令が自動的に失効する旨を表す場合のほか、一定の事由により行政処分、契約等が自動的に失効する旨を表す場合に使われます。

■消費税の円滑かつ適正な転嫁の確保のための消費税の転嫁を阻害する行為の是正等に関する特別措置法（平成25年法律第41号）
　　　附　則
（この法律の失効）
第2条　この法律は、平成29年3月31日限り、その効力を失う。
2～4　（略）

■保険法
（保険者の破産）
第96条　保険者が破産手続開始の決定を受けたときは、保険契約者は、保険契約を解除することができる。
2　保険契約者が前項の規定による保険契約の解除をしなかったときは、当該保険契約は、破産手続開始の決定の日から3箇月を経過した日にその効力を失う。

前者の法律は、平成29年4月1日午前零時に自動的に失効し、後者の保険契約は、破産手続開始の決定の日から3箇月を経過した日の午前零時に自動的に失効します。

9 ただし・この場合において

「ただし」は、同じ条・項の中で除外例や例外的条件を定める場合に使われます。この場合は、「・・・する場合を除くほか」とほぼ同様の意味になります。

■民法
(相続の一般的効力)
第896条　相続人は、相続開始の時から、被相続人の財産に属した一切の権利義務を承継する。ただし、被相続人の一身に専属したものは、この限りでない。
(祭祀に関する権利の承継)
第897条　系譜、祭具及び墳墓の所有権は、前条の規定にかかわらず、慣習に従って祖先の祭祀を主宰すべき者が承継する。ただし、被相続人の指定に従って祖先の祭祀を主宰すべき者があるときは、その者が承継する。
2　(略)

「ただし」が使われている条文においては、「ただし」の前の主たる文章を「本文」といい、本文の後に改行しないで「ただし」で始まる従たる文章を「ただし書」と呼びます。

これらの例では、本文が原則、ただし書が例外という関係になっています。もっとも、第896条の場合は、ただし書は単に原則を否定する内容になっていますが、第897条第1項の場合は、ただし書は例外事項の内容を書いています。

「この場合において」は、同じ条・項の中で主たる文章の趣旨を補足する場合に使われます。

■地方自治法
第158条　普通地方公共団体の長は、その権限に属する事務を分掌させるため、必要な内部組織を設けることができる。この場合において、当該普通地方公共団体の長の直近下位の内部組織の設置及びその分掌する事務については、条例で定めるものとする。
②　（略）

このように主たる文章の内容を補足する場合に、主たる文章を「前段」、これに改行しないで続けられる文章を「後段」といいます。後段として同じ条や項の中に付加すると1つの条・項が長くなって読みづらいという場合には、「前条〔前項〕の場合において」（従たる文章が主たる文章の直後の条・項の場合）、「第○条〔第○項〕の場合において」（直後でない場合）など条・項が別にされていることもあります。

「ただし」も、この補足的な意味で使われることがあります。

■地方公務員災害補償法
（船員である職員等の特例）
第46条の2　船員法（・・・）第1条に規定する船員である職員又は公務で外国旅行中の職員に係る補償につき特例を設ける必要がある場合においては、政令で特例を定めることができる。ただし、その特例は、この法律の規定の趣旨に適合するものでなければならない。

なお、「この場合において」は、補足する場合のほかに、他の規

定を適用・準用した場合の読替規定においても使われます。

> ■**会社法**
> （創立総会の招集の通知）
> 第68条　創立総会を招集するには、発起人は、創立総会の日の2週間（・・・設立しようとする株式会社が公開会社でない場合にあっては、1週間・・・）前までに、設立時株主に対してその通知を発しなければならない。
> 2～4　（略）
> 5　発起人が設立時株主に対してする通知又は催告は、第27条第5号又は第59条第3項第1号の住所（・・・）にあてて発すれば足りる。
> 6　前項の通知又は催告は、その通知又は催告が通常到達すべきであった時に、到達したものとみなす。
> 7　前2項の規定は、第1項の通知に際して設立時株主に書面を交付し、又は当該書面に記載すべき事項を電磁的方法により提供する場合について準用する。この場合において、前項中「到達したもの」とあるのは、「当該書面の交付又は当該事項の電磁的方法による提供があったもの」と読み替えるものとする。

10 努める

「努める」は、何らかのことを実行し、実現するよう努力するという意味で使われます。訓示的内容を定めた努力規定や責務規定の中で使われます。特に、国や地方公共団体が果たすべき役割を宣言するような規定の中に多く見られますが、それ以外の者に対しても使われています。

■ストーカー行為等の規制等に関する法律
（国、地方公共団体、関係事業者等の支援等）
第8条　国及び地方公共団体は、ストーカー行為等の防止に関する啓発及び知識の普及、ストーカー行為等の相手方に対する婦人相談所その他適切な施設による支援並びにストーカー行為等の防止に関する活動等を行っている民間の自主的な組織活動の支援に<u>努めなければならない</u>。
2・3　（略）
4　ストーカー行為等が行われている場合には、当該ストーカー行為等が行われている地域の住民は、当該ストーカー行為等の相手方に対する援助に<u>努めるものとする</u>。

「努める」は、訓示的な努力義務を課するときに使われるものであり、これに違反したか否かは認定しがたいので、違反に対する罰則や不利益措置は設けられていません。

11 当該

「当該」は、「この」、「その」などの指示代名詞よりもっと強く、「まさにその」や「当の」という意味を持たせたい場合に使われます。

■児童手当法
（支給要件）
第4条 （略）
2 （略）
3 第1項第1号又は第2号の場合において、父及び母、未成年後見人並びに父母指定者のうちいずれか2以上の者が<u>当該父及び母</u>の子である児童を監護し、かつ、これと生計を同じくするときは、<u>当該児童</u>は、<u>当該父若しくは母</u>、未成年後見人又は父母指定者のうちいずれか<u>当該児童</u>の生計を維持する程度の高い者によって監護され、かつ、これと生計を同じくするものとみなす。
4 （略）

この例で、「当該父及び〔若しくは〕母」は、父及び母一般ではなく、その直前の「（その）父及び母」を指し、「当該児童」はその直前の「当該父及び母の子である（その）児童」を指します。このように、「当該」は、既に出てきた特定の対象を受けて、まさにそれと同一ものであることを示す場合に使われます

「当該」には、法令文を簡潔にできるというメリットがあります。

> ■いじめ防止対策推進法
> （定義）
> 第2条　この法律において「いじめ」とは、児童等に対して、当該児童等が在籍する学校に在籍している等当該児童等と一定の人的関係にある他の児童等が行う心理的又は物理的な影響を与える行為（インターネットを通じて行われるものを含む。）であって、<u>当該行為</u>の対象となった児童等が心身の苦痛を感じているものをいう。
> 2〜4　（略）

　この例で、「当該行為」は、その直前の「心理的又は物理的な影響を与える行為（インターネットを通じて行われるものを含む。）」を意味しています。「当該」を使うことによって、長い修飾語をもう一度書く必要がなくなっているわけです。

　「当該」は、ある事項が各号形式で規定される場合、「当該各号」という使い方で、「該当するそれぞれの号」という意味で使われる場合があります。たとえば、「当該各号に定めるところによる」（定義規定など）、「当該各号に定める日から施行する」（施行期日）、「当該各号に定める者に対し」、「当該各号に定める事項」、「当該各号に定める罰金刑を科する」（罰則）などです。

> ■行政手続法
> （定義）
> 第2条　この法律において、次の各号に掲げる用語の意義は、<u>当該各号に定めるところによる</u>。
> 　一　法令　法律、法律に基づく命令（告示を含む。）、条例及び地方公共団体の執行機関の規則（規程を含む。・・・）をいう。

> 二　処分　行政庁の処分その他公権力の行使に当たる行為をいう。
> 三〜八　（略）

　「当該」には、「当該○○」という熟語としての特殊な使い方があります。この場合は、「当該」と「○○」を切り離すことはできず、一体としての独特の意味を持っています。

　たとえば、「当該職員」という使い方がありますが、これは、「職制上又は特別の委任によりその事務についての権限又は職責を有する国又は地方公共団体の職員」を意味します。「当該職員」は、報告徴収や立入検査を定める規定で多く使われています。

> **■犯罪による収益の移転防止に関する法律**
> （立入検査）
> 第15条　行政庁は、この法律の施行に必要な限度において、当該職員に特定事業者の営業所その他の施設に立ち入らせ、帳簿書類その他の物件を検査させ、又はその業務に関し関係人に質問させることができる。
> 2〜4　（略）

　そのほか、「当該行政庁」（ex. 行政手続法6条）、「当該官公署」（地方自治法100条4〜6項）などの使い方があります。

12 負担する・補助する

> 「負担する」は、主として債務、費用、経費などの金銭的給付義務を伴う経済的なものを負ったり、引き受けたりする場合に使われます。経済的なものを伴わない場合は、「負う」が使われます。

■福島復興再生特別措置法
（漁港漁場整備法の特例）
第9条　（略）
2・3　（略）
4　・・・農林水産大臣が施行する復興漁港工事に要する費用は、<u>国の負担とする</u>。この場合において、<u>福島県は、当該費用の額から、自ら当該復興漁港工事を施行することとした場合に国が福島県に交付すべき負担金又は補助金の額に相当する額を控除した額を負担する</u>。
5　（略）

　なお、国や地方公共団体が特定の事業を行う場合に、その事業に特別の関係のある者にその事業に要する経費の全部又は一部を負担させる場合がありますが、これを「負担金」と呼んでいます。これには、「受益者負担金」（ex. 津波防災地域づくりに関する法律45条）、「原因者負担金」（ex. 河川法67条）、「工事負担金」（ex. 下水道法19条）などがあります。

「補助する」は、他人の事務や事業などを助ける場合（ex. 家内労働法2条4項）に使われますが、法令上この意味での「補助」の概念が多く使われているのは、国や地方公共団体などにおいて下位の職員が上位の職員の職務の執行を助ける場合です。

■地方自治法
　　第2編　普通地方公共団体
　　　第7章　執行機関
　　　　第2節　普通地方公共団体の長
　　　　　第3款　<u>補助機関</u>
第161条　都道府県に副知事を、市町村に副市町村長を置く。ただし、条例で置かないことができる。
②　副知事及び副市町村長の定数は、条例で定める。
第167条　<u>副知事及び副市町村長は、普通地方公共団体の長を補佐し</u>、普通地方公共団体の長の命を受け政策及び企画をつかさどり、その補助機関である職員の担任する事務を監督し、別に定めるところにより、普通地方公共団体の長の職務を代理する。
②・③　（略）
第168条　普通地方公共団体に会計管理者1人を置く。
②　<u>会計管理者は、普通地方公共団体の長の補助機関である職員のうちから</u>、普通地方公共団体の長が命ずる。
第170条　・・・会計管理者は、当該普通地方公共団体の会計事務をつかさどる。
②・③　（略）
第171条　<u>会計管理者の事務を補助させるため出納員その他の会計職員を置く</u>。（略）
②〜⑤　（略）

学陽書房
昇任試験合格の道

STEPごとに、おすすめの問題集・参考書をご紹介します！

2019年2月新刊
地方公務員法101問〈第3次改訂版〉

地方公務員昇任試験問題研究会 編著
本体1800円+税／978-4-313-20733-2

自治体の主任、係長、管理職試験受験者の支持を得てきたロングセラー！

平成29年に公布された特別職の任用及び臨時的任用の厳格化、会計年度任用職員の創設に伴う一般職非常勤職員の任用等に関する制度の明確化などの法改正に沿って全体を見直した。

2019年1月新刊
重要問題101問〈第6次改訂版〉
[憲法・地方自治法・地方公務員法・行政法]

地方公務員昇任試験問題研究会 編著
本体2000円+税／978-4-313-20786-8

勉強する時間がない、直前の総まとめをしたい方へ！

主要4法の最頻出問題を選りすぐった便利な問題集。憲法の最新判例を追加し、平成29年公布の自治法・地公法等の改正に対応。

学陽書房　〒102-0072 東京都千代田区飯田橋1-9-3
TEL：03-3261-1111
FAX：03-5211-3300

本紙で紹介している書籍のくわしい内容はこちらから

2019.3

昇任試験合格の道 STEP1 まずは今の実力をチェック！

「スピード攻略」シリーズ　地方公務員昇任試験問題研究会[編著]

試験前にこれだけは学習しておきたいという問題を厳選して収録。

この問題が出る！
地方自治法スピード攻略
本体1900円+税／978-4-313-20543-7

この問題が出る！
地方公務員法スピード攻略
本体1900円+税／978-4-313-20542-0

これだけで大丈夫！
行政法40問
地方公務員昇任試験問題研究会編著
本体1900円+税／978-4-313-20600-7

過去問から確実に出る問題だけを絞りに絞った問題集！

重要問題101問〈第6次改訂版〉
[憲法・地方自治法・地方公務員法・行政法]
地方公務員昇任試験問題研究会編著
本体2000円+税
978-4-313-20786-8

主要4法の最頻出問題を選りすぐった便利な問題集。憲法の最新判例を追加し、平成29年公布の自治法・地公法等の改正に対応。

また、「補助する」は、国から地方公共団体へ補助金を交付する場合に使われます。この場合、「負担する」との区別が重要になりますが、これについては、経費の性質上、国や地方公共団体が本来自己の責任により賄うべきものであるときは「負担する」が使われ、本来地方公共団体が賄うべきである経費について国が奨励的にその財源を援助するものであるときは「補助する」が使われます。これに関する原則的な規定は、地方財政法第9条以下にあります。

■地方財政法
（地方公共団体がその全額を負担する経費）
第9条　地方公共団体の事務（・・・）を行うために要する経費については、当該地方公共団体が全額これを負担する。ただし、次条から第10条の4までに規定する事務を行うために要する経費については、この限りでない。
（国がその全部又は一部を負担する法令に基づいて実施しなければならない事務に要する経費）
第10条　地方公共団体が法令に基づいて実施しなければならない事務であつて、国と地方公共団体相互の利害に関係がある事務のうち、その円滑な運営を期するためには、なお、国が進んで経費を負担する必要がある次に掲げるものについては、国が、その経費の全部又は一部を負担する。
　一　義務教育職員の給与（退職手当、退職年金及び退職一時金並びに旅費を除く。）に要する経費
　二～三十二　（略）
（補助金の交付）
第16条　国は、その施策を行うため特別の必要があると認めるとき又は地方公共団体の財政上特別の必要があると認めるときに限り、当該地方公共団体に対して、補助金を交付することができる。

そして、個別法においては、経費の性質に応じて、「負担する」と「補助する」が書き分けられています。

■配偶者からの暴力の防止及び被害者の保護等に関する法律
（国の負担及び補助）
第28条　国は、政令の定めるところにより、都道府県が前条第1項の規定により支弁した費用のうち、同項第1号及び第2号に掲げるものについては、その10分の5を負担するものとする。
2　国は、予算の範囲内において、次の各号に掲げる費用の10分の5以内を補助することができる。
　一　都道府県が前条第1項の規定により支弁した費用のうち、同項第3号及び第4号に掲げるもの
　二　市が前条第2項の規定により支弁した費用

なお、補助金は、地方公共団体が交付する場合もあります。

■地方自治法
（寄附又は補助）
第232条の2　普通地方公共団体は、その公益上必要がある場合においては、寄附又は補助をすることができる。

13 別段の定め・特別の定め

> 「別段の定め」・「特別の定め」は、ある法令・条項で定められている事項について、他の法令・条項で異なる内容の定めがあることを示す場合に使われます。

　法令（規定）相互の関係の中には、一方が一般法（一般規定）で、他方がこれの特別法（特別規定）であるという場合があります。一般法が原則を定め、特別法がその例外を定めているという関係です。この場合、特別法が一般法に優先して適用されます。このような関係が明白な場合以外は、解釈に疑義が生ずるのを避けるために一般法・特別法の関係を示すこれらの用語が使われています。なお、「別段」と「特別」の間で意味の違いはありません。

　通常、「別段の定め」・「特別の定め」という用語は、一般法に当たる法令に置かれており、「別段の定め」・「特別の定め」の内容は、特別法に当たる法令に規定されています。

■**独立行政法人通則法**（平成26年法律第66号による改正後）
（目的等）
第1条　（略）
2　各独立行政法人の組織、運営及び管理については、個別法に定めるもののほか、この法律の定めるところによる。
（借入金等）
第45条　（略）
2・3　（略）

4　独立行政法人は、個別法に別段の定めがある場合を除くほか、長期借入金及び債券発行をすることができない。

　独立行政法人に関しては、制度の基本となる共通の事項については独立行政法人通則法が定め、各独立行政法人の名称、目的、業務の範囲等に関する事項については個別法が定めています。第1条第2項は、独立行政法人通則法が一般法であり、個別法が特別法であることを示しています。

　具体例を見てみると、第45条第4項は独立行政法人について長期借入金及び債券発行を禁止していますが、個別法での例外を想定しており、これを「個別法に別段の定めがある場合を除くほか」と規定しています。「別段の定め」の例として、独立行政法人日本学生支援機構法第19条第1項があり、「機構は、・・・学資の貸与に係る業務に必要な費用に充てるため、文部科学大臣の認可を受けて、長期借入金をし、又は日本学生支援債券（・・・）を発行することができる。」と規定しています。

　次は、「特別の定め」を使った例です。

■会社法
（趣旨）
第1条　会社の設立、組織、運営及び管理については、他の法律に特別の定めがある場合を除くほか、この法律の定めるところによる。

　会社法は、会社に関する一般法です。「特別の定め」がある「他の法律」の例としては、社債、株式等の振替に関する法律、会社更生法などがあり、これらは会社法に対する特別法になります。

　以上の例は、他の法令の中に特別法の内容が規定されているもの

ですが、次の例のように同じ法令の中に特別法の内容が規定されているものも多く、また、「定款に別段の定めがある場合を除き」(会社法309条1項)のように特別法の内容が法令ではなく定款・規約・規程・契約などに規定されることもあります。

> ■**生活保護法**
> 第78条　（略）
> 2・3　（略）
> 4　前3項の規定による徴収金は、この法律に別段の定めがある場合を除き、国税徴収の例により徴収することができる。

「別段の定め」・「特別の定め」という用語が特別法に当たる法令に置かれる場合もあり、「別段の定め」・「特別の定め」の内容は、その特別法に当たる法令に規定されています。

> ■**地方税法**
> （行政事件訴訟法との関係）
> 第19条の11　第19条に規定する処分に関する訴訟については、本款その他この法律に特別の定めがあるものを除くほか、行政事件訴訟法（・・・）その他の一般の行政事件訴訟に関する法律の定めるところによる。

この場合、行政事件訴訟法が一般法であり、「特別の定め」という用語を使っている地方税法が特別法になっています。

14 故なく・みだりに

「故なく」は、かつては「正当な理由がなく」、「違法に」という意味で禁止規定や罰則規定などでよく使われていました。しかし、罰則規定についていえば、そもそも違法な行為を罰するわけですから、通常はその違法性を示す表現をする必要はありません。したがって、特に違法性を明確にしたい場合に、「故なく」を使っていたということができます。

■母体保護法

（禁止）

第28条　何人も、この法律の規定による場合の外、故なく、生殖を不能にすることを目的として手術又はレントゲン照射を行つてはならない。

「故なく」はいささか古い表現であることから、最近ではこれを使うことはほとんどなくなり、従前の法律でこれを使っていた場合は法改正の際に違う用語に置き換えられています。

たとえば、刑法（明治40年法律第45号）は、「故ナク人ノ住居・・・ニ侵入シ」（130条）とか、「故ナク封緘シタル信書ヲ開披シタル者」（133条）というように、「故ナク」を使っていましたが、平成7年の改正の際にすべて「正当な理由がないのに」という用語に置き換えられました。

しかし、現在でも、「故なく」という表現がふさわしい場面がないわけではありません。次の例では、「正当な理由がなく」という

より「故なく」の方がしっくりする感じがします。

> ■ホームレスの自立の支援等に関する特別措置法
> （定義）
> 第2条　この法律において「ホームレス」とは、都市公園、河川、道路、駅舎その他の施設を故なく起居の場所とし、日常生活を営んでいる者をいう。

また、「正当な理由がない」という以上に「不法である」ことを強調する意味合いで「故なく」が使われることがあります。

> ■地方自治法
> 第137条　普通地方公共団体の議会の議員が正当な理由がなくて招集に応じないため、又は正当な理由がなくて会議に欠席したため、議長が、特に招状を発しても、なお故なく出席しない者は、議長において、議会の議決を経て、これに懲罰を科することができる。

「みだりに」も「故なく」と同様に、違法性を表す用語です。ただ、「みだりに」は、「故なく」のように端的にその行為が違法であることを示すというよりは、どちらかといえば、その行為について社会的相当性が認められないというようなもう少し広い意味があるとされています。

「みだりに」は、「故なく」と異なり最近の法律でもよく使われています。

■日本国憲法の改正手続に関する法律
（投票人に関する記録の保護）
第149条　市町村の委託を受けて行う投票人名簿又は在外投票人名簿に関する事務の処理に従事している者又は従事していた者は、その事務に関して知り得た事項をみだりに他人に知らせ、又は不当な目的に使用してはならない。

　これは、禁止規定で「みだりに」が使われている例ですが、「みだりに」は、自己の権限、事務に含まれない場合、又は含まれる場合であっても正当な理由なしに、という意味で使われています。

■ガス事業法
第53条　（略）
2　みだりにガス工作物を操作してガスの供給を妨害した者は、2年以下の懲役又は50万円以下の罰金に処する。
3・4　（略）

　これは、罰則規定で「みだりに」が使われている例ですが、主体を特に限定していないので、一般人のみならずガス工作物の操作の任に当たっている者でも正常な職務上の操作でなければ、処罰されることになります。
　なお、「みだりに」は、「船舶は、港内においては、みだりに汽笛又はサイレンを吹き鳴らしてはならない。」(港則法28条)のように、「ところかまわず」とか「むやみに」というニュアンスで使われる場合もあります。

15 を除くほか・のほか

「・・・を除くほか」は、ある事項を除外する場合に使われ、「・・・以外に」、「・・・以外は」という意味を表します。

■日本銀行法
（議事の運営）
第18条　（略）
2　（略）
3　この法律に定めるものを除くほか、議事の手続その他委員会の運営に関し必要な事項は、委員会が定める。

この例では、（政策委員会の）議事の手続その他委員会の運営に関し必要な事項については、「この法律に定めるもの以外は」、委員会で定めるという意味になります。

「・・・を除くほか」が使われる場合の中には、一般法・特別法の関係を表していることがあります。

■公文書等の管理に関する法律
（他の法令との関係）
第3条　公文書等の管理については、他の法律又はこれに基づく命令に特別の定めがある場合を除くほか、この法律の定めるところによる。

これは、公文書等の管理に関する法律が、公文書等の管理についての一般法であることを示した規定です。これの特別法として、行

政機関の保有する情報の公開に関する法律、刑事確定訴訟記録法などがあります。

> 「・・・のほか」は、ある事項に「含める」あるいは「追加する」ことを表す場合に使われます。

■長期優良住宅の普及の促進に関する法律
（地方住宅供給公社の業務の特例）
第17条　地方住宅供給公社は、地方住宅供給公社法（・・・）第21条に規定する業務のほか、委託により、認定長期優良住宅建築等計画に基づく認定長期優良住宅の維持保全を行うことができる。
2　（略）

　地方住宅供給公社の本来的な業務は、住宅の積立分譲、住宅の建設・賃貸、住宅の用に供する宅地の造成・賃貸等です（地方住宅供給公社法21条1項・3項）。これに付加して、「認定長期優良住宅建築等計画に基づく認定長期優良住宅の維持保全」を行うことができるとする場合に、「・・・のほか」が使われています。

　なお、「・・・のほか」は、「・・・を除くほか」と同じ意味で使われる場合があります。たとえば、政令への委任規定については、「この法律に定めるもののほか、この法律の実施に関し必要な事項は、政令で定める。」と規定するのが通例になっており、「この法律に規定するもの〔特別の規定がある場合〕を除くほか」という表現が使われている例はごく少数です（**ex.** 地方自治法255条）。

第3章

日常用語とは異なる
注意すべき法令用語5

1 善意・悪意

「善意」は、ある事実を知らないことを意味し、「悪意」は、ある事実を知っていることを意味します。

この点、日常生活では、「善意」は、善良な心、他人のためを思う心という意味で使われ、「悪意」は、他人に害を与えようとする心（害意）という意味で使われているのとは異なっています。法令においては、これらの用語は、道徳的な意味を持っていないことに注意が必要です。

次の条文は、法令上の「善意」・「悪意」の意味を端的に規定しています。

■**破産法**

（善意又は悪意の推定）

第51条　前2項の規定の適用については、第32条第1項の規定による公告の前においてはその事実を知らなかったものと推定し、当該公告の後においてはその事実を知っていたものと推定する。

次は、「善意」・「悪意」を使った条文の例です。

■**会社法**

（支配人の代理権）

第11条　（略）

2　（略）

3　支配人の代理権に加えた制限は、善意の第三者に対抗すること

ができない。

（表見支配人）

第13条　会社の本店又は支店の事業の主任者であることを示す名称を付した使用人は、当該本店又は支店の事業に関し、一切の裁判外の行為をする権限を有するものとみなす。ただし、相手方が悪意であったときは、この限りでない。

　ある事実を疑わしいと思っているに過ぎない場合は、「善意」に含めて解釈するのが通常ですが、規定の趣旨から、「善意」に含めないと解釈されている場合があります。たとえば、民法上、善意占有・悪意占有という場合の「善意」です。

■民法

（善意の占有者による果実の取得等）

第189条　善意の占有者は、占有物から生ずる果実を取得する。

2　（略）

（悪意の占有者による果実の返還等）

第190条　悪意の占有者は、果実を返還し、かつ、既に消費し、過失によって損傷し、又は収取を怠った果実の代価を償還する義務を負う。

2　（略）

　占有が善意に基づくものなのか悪意に基づくものなのかでその法的効果が全く違うため（善意占有には強力な効果が与えられる）、ここでの「善意」は、積極的に所有権等の本権があると信ずることを意味すると解されています。同様の区別は、取得時効（民法162条以下）、占有者の責任（民法191条）、即時取得（民法192条）、費用償還請求権（民法196条）などでも行われています。

　法令上、「悪意」が、害意の意味で使われることもあります。

> ■民事再生法
>
> （再生計画による権利の変更の内容等）
>
> 第229条　（略）
>
> 2　（略）
>
> 3　第1項の規定にかかわらず、再生債権のうち次に掲げる請求権については、当該再生債権者の同意がある場合を除き、債務の減免の定めその他権利に影響を及ぼす定めをすることができない。
>
> 　一　再生債務者が悪意で加えた不法行為に基づく損害賠償請求権
>
> 　二　再生債務者が故意又は重大な過失により加えた人の生命又は身体を害する不法行為に基づく損害賠償請求権（・・・）
>
> 　三　（略）
>
> 4　（略）

　この例では、第3項第2号に「故意」が使われているので、同項第1号の「悪意」は単なる故意とは区別された、不正に他人を害する意欲、あるいは積極的な害意と解されています。

　また、裁判上の離婚事由とされている「配偶者から悪意で遺棄されたとき」（民法770条1項2号）の「悪意」も害意の意味で使われています。この場合、「悪意の遺棄」とは、理由なき同居・扶養の拒否など積極的な意思で夫婦の共同生活を行わないことをいいます。

2 等

> 「等」は、その直前に掲げられた事項以外にまだほかのものが含まれていることを表す場合に使われます。

「等」は、題名、章名、条文の見出し、定義規定、略称規定、その他の条文の文言中など法令のあらゆる場面で使われています。日常用語では「等」に特に意味を込めないで使うことが多いですが、法令では「等」に何らかの意味を込めて使っているのが通常です。したがって、その「等」は何を指しているのかを考えることが必要になります。

■犯罪被害者等基本法
（定義）
第2条　この法律において「犯罪等」とは、犯罪及びこれに準ずる心身に有害な影響を及ぼす行為をいう。
2　この法律において「犯罪被害者等」とは、犯罪等により害を被った者及びその家族又は遺族をいう。
3　（略）

この例では、「犯罪等」、「犯罪被害者等」が定義されており、「犯罪等」の「等」は、「これ（犯罪）に準ずる心身に有害な影響を及ぼす行為」を指し、「犯罪被害者等」の「等」は、「その（犯罪等により害を被った者の）家族又は遺族」を指します。

また、条文の見出しは簡潔に表現される必要があるため、「等」が使われることが多いですが、この場合も条文を読めば、「等」の

意味内容がわかります。

■刑法
（受刑等の初日及び釈放）
第24条　受刑の初日は、時間にかかわらず、1日として計算する。時効期間の初日についても、同様とする。
2　（略）

この例で、「受刑等」の「等」は、「時効期間」（24条1項後段）を指します。

しかし、「等」の意味内容がその法令の条文から機械的に出てこないこともあり、その場合は、解釈によって「等」の意味を確定することになります。

■地方自治法
第260条の2　町又は字の区域その他市町村内の一定の区域に住所を有する者の地縁に基づいて形成された団体（以下本条において「地縁による団体」という。）は、地域的な共同活動のための不動産又は不動産に関する権利等を保有するため市町村長の認可を受けたときは、その規約に定める目的の範囲内において、権利を有し、義務を負う。
②〜⑰　（略）

この例で、「不動産に関する権利等」の「等」は、登録を要する金融資産（ex.国債、地方債、社債）と解されています。

3 当分の間

> 法令において「当分の間」という用語が使われているときは、その法令(の規定)が改正又は廃止されない限り半永久的に有効なものと扱われます。

　この点、日常では、「当分の間」が「しばらくの間」、「さしあたり」といった意味で使われ、ある程度時間がたてばそのような事柄がなくなってしまうと考えられているのと異なります。「当分の間」という用語は、その法令上の措置が暫定的なものであって、将来においてそれが変更又は廃止されることが予想されることを示したものに過ぎないわけです。

■**租税特別措置法**(昭和32年法律第26号)

（趣旨）

第1条　この法律は、<u>当分の間</u>、所得税、法人税、地方法人税・・・につき、所得税法（・・・）、法人税法（・・・）、地方法人税法（・・・）・・・の特例を設けることについて規定するものとする。

　租税特別措置法は、「当分の間」、所得税法等の特例を定める法律ですが、制定以来60年近くも生き続けています。最近、租税特別措置の適用の状況の透明化を図るとともに、適宜、適切な見直しを推進することを目的とした「租税特別措置の適用状況の透明化等に関する法律」（平成22年法律第8号）が制定されましたが、租税特別措置法が近い将来に廃止される可能性は低いと思われます。

4 取消し・撤回

講学上、「取消し」とは、法律行為等（ex. 売買契約）がその成立当初から瑕疵（欠陥のこと）を有する場合に、そのことを理由にその法律行為等の効力を行為時まで遡って消滅させることをいいます。

■民法
（成年被後見人の法律行為）
第9条　成年被後見人の法律行為は、取り消すことができる。ただし、日用品の購入その他日常生活に関する行為については、この限りでない。

（制限行為能力者の詐術）
第21条　制限行為能力者が行為能力者であることを信じさせるため詐術を用いたときは、その行為を取り消すことができない。

もっとも、婚姻の取消し（民法748条1項）など、「取消し」の効果が過去に遡らないとされているものもあります。

講学上、「撤回」とは、既に有効に成立した法律行為等の効力をその後に発生した新たな事情を理由として将来に向かって消滅させることをいいます。法令上の「撤回」も、この意味で使われるのが通例です。

> ■民法
>
> （遺贈の承認及び放棄の撤回及び取消し）
>
> 第989条　遺贈の承認及び放棄は、撤回することができない。
>
> 2　（略）
>
> （遺言の撤回）
>
> 第1022条　遺言者は、いつでも、遺言の方式に従って、その遺言の全部又は一部を撤回することができる。

「取消し」と「撤回」は、その事由が生じた時点（法律行為等の時かその後か）とそれによる効果（遡及効か将来効か）の2点で違いがあります。このように両者は元来その意味内容を異にしているわけですが、法令上、「取消し」という用語が、多くの場合、講学上の「撤回」の意味で使われているのが実情です。すなわち、法令で使われている「取消し」は、講学上の「取消し」の意味の場合と講学上の「撤回」の意味の場合とがあるので注意が必要です。

> ■著作権等管理事業法
>
> （登録の取消し等）
>
> 第21条　（略）
>
> 2　文化庁長官は、著作権等管理事業者が登録を受けてから1年以内に著作権等管理事業を開始せず、又は引き続き1年以上著作権等管理事業を行っていないと認めるときは、その登録を取り消すことができる。
>
> 3　（略）

この例の「取消し」は、著作権等管理事業者が登録を受けた後の事情に基づいて行われることから、講学上の「撤回」に当たります。

5　○日前（まで）に

「○日前（まで）に」は、期間を逆算する場合に使われます。

■**会社法**
（株主総会の招集の通知）
第299条　株主総会を招集するには、取締役は、株主総会の日の<u>2週間（・・・公開会社でない株式会社にあっては、1週間（・・・））前までに</u>、株主に対してその通知を発しなければならない。
2～4　（略）

過去に遡る場合の期間の計算方法については、原則として民法の期間の規定（138条～143条）が類推適用されると解されます。たとえば、上記の例で、「2週間前までに」とは、初日不算入の原則（140条本文）及び期間の末日の終了をもって期間の満了とすること（141条）から、発信日と株主総会日とを算入せず、その間に14日以上置くという意味と解されています。日常用語で「1日前」といえば前日を指すのが通常であることからすると、「2週間前」は中13日とも考えられますが、そうではないわけです。

他方、公職選挙法については別の解釈がされており、「総選挙の期日は、少なくとも12日前に公示しなければならない。」（31条4項）中の「少なくとも12日前」とは、総選挙の期日の前日を第1日として逆算して12日目に当たる日以前と解されています。すなわち、総選挙の期日と公示日の間は、中11日あればよいわけです。

第4章

似ていても意味が異なる
区別すべき法令用語20

1 営業・事業

「営業」は、営利の目的をもって同種の行為を反復継続して行う場合に使われます。

■建設業法
　（定義）
第2条　（略）
2　この法律において「建設業」とは、元請、下請その他いかなる名義をもつてするかを問わず、建設工事の完成を請け負う営業をいう。
3～5　（略）

この場合には、営利の目的をもってその行為を反復継続していれば、現実には利益が得られなくてもよいとされています。

また、「営業」は、一定の営利を目的とする事業のために統一的に結合した財産の全体の意味で使われることがあります。

■商法
　（営業譲渡人の競業の禁止）
第16条　営業を譲渡した商人（・・・）は、当事者の別段の意思表示がない限り、同一の市町村（東京都の特別区の存する区域及び地方自治法（・・・）第252条の19第1項の指定都市にあっては、区。以下同じ。）の区域内及びこれに隣接する市町村の区域内においては、その営業を譲渡した日から20年間は、同一の

営業を行ってはならない。
2・3　（略）

　この場合は、先の主観的な意味の「営業」とは異なり、客観的な意味で使われています。具体的には、動産・不動産・有価証券・債権・知的財産権などのような個別財産のほかに、老舗（しにせ）・暖簾（のれん）・営業権のような財産的価値のある事実関係も含まれます。

> 「事業」も、一定の目的をもって同種の行為を反復継続的に行う場合に使われますが、「営業」と異なり、営利の要素は必ずしも必要はないとされています。

■PTA・青少年教育団体共済法
（定義）
第2条　（略）
2　（略）
3　この法律において「共済事業」とは、児童生徒等、青少年、保護者、教職員その他の者の災害（負傷、疾病、障害又は死亡等をいう。以下同じ。）に関し、共済掛金の支払を受け、共済金を交付する事業をいう。
4　（略）

　なお、「事業」は、「○○事業」、「事業者」、「事業活動」、「事業計画」、「事業主」、「事業所」、「事業場」、「事業年度」など、他の用語と結びついて使われることもよくあります。

2 閲覧・縦覧

「閲覧」は、官公署や会社等に備えてある記録、帳簿等の文書について、その記載内容の確認や証拠としての援用などの目的で、利害関係人等がその記載内容を調べる場合に使われます。

■**情報公開・個人情報保護審査会設置法**
（提出資料の閲覧）
第13条　不服申立人等は、審査会に対し、審査会に提出された意見書又は資料の閲覧を求めることができる。（略）
2　（略）

「縦覧」は、官公署等に備え付けられた書類、計画、名簿等について、異議の申立ての機会を与えるなどの目的で、広く一般に見せる場合に使われます。

たとえば、自然環境保全法第22条は、「環境大臣は、自然環境保全地域を指定しようとするときは、あらかじめ、・・・その旨を公告し、その案を当該公告の日から2週間公衆の縦覧に供しなければならない。」（4項）と規定するとともに、「前項の規定による公告があつたときは、当該区域に係る住民及び利害関係人は、同項の縦覧期間満了の日までに、縦覧に供された案について、環境大臣に意見書を提出することができる。」（5項）と規定しています。

3 改正する・改める

　一部改正法令において、「改正する」は、その一部改正法令全体を指す場合に使われ、「改める」は、個々の規定やその中の語句を置き換える場合に使われます。

■**沖縄振興特別措置法の一部を改正する法律**（平成26年法律第7号）
　沖縄振興特別措置法（平成14年法律第14号）の一部を次のように改正する。
　目次中「情報通信産業の振興」を「情報通信産業振興計画等」に、「国際物流拠点産業集積地域」を「国際物流拠点産業集積計画等」に、「金融業務特別地区」を「経済金融活性化特別地区」に改める。
　　　　（略）
　第7条第1項中「提出された」を「提出した」に、「提出があった」を「提出をした」に改める。
　第27条中「又は久米島」を「若しくは久米島」に改め、「航行する航空機」の下に「又は沖縄県の区域内の各地間を航行する航空機」を加える。
　第3章第2節の節名を次のように改める。
　　　　第2節　情報通信産業振興計画等
　第28条及び第29条を次のように改める。
（情報通信産業振興計画の作成等）
第28条　（略）
（情報通信産業振興計画の実施状況の報告等）
第29条　（略）

```
　　　（以下　略）
```

　「改正する」は、一部改正法令の題名と本則冒頭の柱書(はしらがき)（改正文）において使われます。一部改正法令においては、規定や語句を改めたり、削ったり、加えたりしますが、これら全体を包括的にとらえる場合に「改正する」を使うわけです。

　この例では、「改める」は5箇所で使われていますが、最初の「改める」は目次中の語句の置換え、2番目と3番目の「改める（改め）」は条文中の語句の置換え、4番目の「改める」は節名の置換え、5番目の「改める」は第28条・第29条全体の置換えです。

　規定全体の置換えは、条・項・号のほか、題名、章・節の全体、1つの条項の中の本文・ただし書・前段・後段の場合もあり、いずれも「・・・を次のように改める」と表現します。語句の置換えの場合は、個々の改正規定の中で「「A」を「B」に改める。」と表現します。また、「第○条中「A」を「B」に改める。」という改正規定の場合、もし第○条の中に「A」が複数あればそれらはすべて「B」に置き換わることになります。さらに、第○条が「・・・A又は・・・A及び・・・」という条文になっており、「第○条中「A又は」を「B又は」に改める。」とされているときは、前者の「A」だけが「B」に改められます。

　なお、「改正する」は、「行政不服審査法（昭和37年法律第160号）の全部を改正する。」（行政不服審査法（平成26年法律第68号））のように、全部改正法令の制定文においても使われます。この場合も、「改正する」は、法令全体を指しています。

4 科する・課する

> 「科する」は、死刑・懲役・禁錮・罰金等の刑罰や、秩序違反などの制裁としての過料を、一定の場合に一定の者に対してかけることができるということを一般的に表現する場合に使われます。

■地方自治法

第 14 条　（略）

②　（略）

③　普通地方公共団体は、法令に特別の定めがあるものを除くほか、その条例中に、条例に違反した者に対し、2 年以下の懲役若しくは禁錮、100 万円以下の罰金、拘留、科料若しくは没収の刑又は 5 万円以下の過料を科する旨の規定を設けることができる。

　これに対し、具体的に罪となるべき行為とこれに対する刑罰等を規定する場合は、「・・・1 年以下の懲役又は 50 万円以下の罰金に処する。」（海洋構築物等に係る安全水域の設定等に関する法律 7 条 1 項）というように、「処する」が使われます。ただ、両罰規定（犯罪が行われた場合に、その行為者を罰するほか、法人など当該行為者と一定の関係を有するものを罰する旨を定めた規定）においては、「・・・その法人又は人に対して同項の罰金刑を科する。」（同条 2 項）というように、「科する」が使われるのが通例です。

「課する」は、国や地方公共団体が、国民や住民に対し、公権力をもって租税その他の金銭などを負担させる場合に使われます。

■**所得税法**
（課税所得の範囲）
第7条　所得税は、次の各号に掲げる者の区分に応じ当該各号に定める所得について課する。
一　非永住者以外の居住者　すべての所得
二　非永住者　第161条（国内源泉所得）に規定する国内源泉所得（・・・）及びこれ以外の所得で国内において支払われ、又は国外から送金されたもの
三～五　（略）
2　（略）
■**職業訓練の実施等による特定求職者の就職の支援に関する法律**
（公課の禁止）
第10条　租税その他の公課は、職業訓練受講給付金として支給を受けた金銭を標準として課することができない。

このほか、「課する」は、「過重な負担を課する」（ex. 個人情報の保護に関する法律29条4項）、「不当な義務を課する」（ex. アルコール事業法39条2項）というように使われています。

なお、団体の構成員などに懲罰等の制裁を加える場合は、「懲罰を科する」（刑事収容施設及び被収容者等の処遇に関する法律150条1項、地方自治法134条・137条）とする例のほか、「免職、停職、減給又は戒告の処分その他の制裁を課する」（日本年金機構法26条2項）、「過怠金を課する」（マンションの建替えの円滑化等に関する法律35条4項）とする例などがあります。

5 期間・期限・期日

「期間」は、一定の時間的なへだたりの長さを表現するときに使われます。「期限」や「期日」と異なり、ある時点からある時点までの時間の流れを継続したものとしてとらえる場合に使われます。

■借地借家法
（借地権の更新後の期間）
第4条　当事者が借地契約を更新する場合においては、その期間は、更新の日から10年（借地権の設定後の最初の更新にあっては、20年）とする。ただし、当事者がこれより長い期間を定めたときは、その期間とする。

「期間」は、法令上、「有効期間」、「実施期間」、「償還期間」、「残任期間」、「派遣期間」、「計画期間」などさまざまな形で使われています。

「期間」の計算方法についての一般原則は民法に定められています（138条〜143条）。この原則は、公法上の関係についても適用されると解されています。

① 時によって期間を定めたときは、その期間は、即時から起算します。

② 日、週、月又は年によって期間を定めたときは、期間の初日は、算入しません（初日不算入の原則）。ただし、その期間が午前零時から始まるときは、初日を算入します。また、個別の法令で初

日を算入すべき旨を定めている場合はそれに従います。

③ 日、週、月又は年によって期間を定めたときは、期間は、その末日の終了（末日の午後12時の経過）をもって満了します。

④ 期間の末日が日曜日、国民の祝日に関する法律に規定する休日その他の休日に当たるときは、その日に取引をしない慣習がある場合に限り、期間は、その翌日に満了します。

⑤ 週、月又は年によって期間を定めたときは、その期間は、暦に従って計算します。たとえば、「2月1日から1箇月」という場合、通常の年の場合は「2月28日まで」ですが、うるう年の場合は「2月29日まで」となります。実日数は関係ありません。

週、月又は年の初めから期間を起算しないときは、その期間は、最後の週、月又は年においてその起算日に応当する日の前日に満了します。たとえば、「4月15日午後3時から3箇月」という場合は、起算日は「4月16日」であり、応答日（7月16日）の前日の「7月15日」に期間が満了します。

ただし、月又は年によって期間を定めた場合において、最後の月に応当する日がないときは、その月の末日に満了します。たとえば、「11月30日から3箇月」という場合は、「2月28日」（うるう年の場合は2月29日）に期間が満了します。

> 「期限」は、法律行為の効力の発生・消滅又は法律行為等の履行を将来到達することの確実な事実の発生（ほとんどは一定の日時の到来）にかからせるときに使われます。

■補助金等に係る予算の執行の適正化に関する法律
（補助金等の返還）
第18条　各省各庁の長は、補助金等の交付の決定を取り消した場

> 合において、補助事業等の当該取消に係る部分に関し、すでに補助金等が交付されているときは、<u>期限</u>を定めて、その返還を命じなければならない。
>
> 2・3 （略）

「期限」は、法令上、「納（付）期限」、「請求期限」、「償還期限」、「支払期限」、「弁済期限」、「提出期限」、「設置期限」などさまざまな形で使われています。

「期限」は、「4月1日から」とか「9月30日まで」というように始期以後や終期以前の一定の時間的広がりを示すという点で、「4月1日から9月30日まで」というように始期と終期の間の時間的広がりを示す「期間」と異なります。もっとも、「2年以内に」というような場合、これは始期から「2年」という「期間」を定めるものですが、「以内に」に着目して「2年を経過する最後の日まで」ととらえて「期限」と理解することも可能です。

「期限」には、法律行為の効力が発生する時期又は法律行為等をすることができる時期を意味する「始期」と、法律行為の効力が消滅する時期又は法律行為等をすべき最終の時期を意味する「終期」とがあります（民法135条参照）。

また、「期限」には、「9月30日まで」というように、その日時の到来がはっきりしている確定期限と、「ある人が死亡するときまで」というように、到来することは確実であるが、その時期がいつか不明である不確定期限とがあります。

> 「期日」は、法律行為の効力の発生・消滅する日又は法律行為等を履行するよう指定された日を指すときに使われます。

> ■労働基準法
> 　（賃金の支払）
> 第24条　（略）
> ②　賃金は、毎月1回以上、一定の期日を定めて支払わなければならない。（略）

「期間」や「期限」は、ある時間的な長さをもった用語ですが、「期日」は、特定の具体的な日を意味します。もっとも、「この法律は、この法律の施行の日から起算して15年を経過した日に、その効力を失う。」(ホームレスの自立の支援等に関する特別措置法附則2条)という規定は、法律の「失効期日」を定めたものですが、別の見方をすれば、その日までは効力をもつという意味もありますので、「期限（終期）」を定めたものともいえます。

「期日」は、法令上、「公表期日」、「提出期日」、「支払期日」、「選挙期日」、「審理期日」などさまざまな形で使われています。なお、訴訟法では、特に「訴訟行為がなされる日」という意味で「期日」を使っています。

> ■民事訴訟法
> 　（期日の指定及び変更）
> 第93条　期日は、申立てにより又は職権で、裁判長が指定する。
> 2　（略）
> 3　口頭弁論及び弁論準備手続の期日の変更は、顕著な事由がある場合に限り許す。（略）
> 4　（略）

6 議により・議に基づき・議を経て・議に付し

行政機関などがある行為や判断をするときに、その専断を避け慎重な手続を確保するために、特定の議決機関や諮問機関などの合議機関の審議に付す場合があります。その場合に使われるのがこれらの用語です。その議決の拘束力の強さに応じて一応の使い分けがされていますが、結局は個々の規定の趣旨によって拘束力の程度が決まります。

「議により」は、これらの用語のうち最も拘束力が強いとされています。「議により」が使われている場合は、当該行政機関等は、原則としてその合議機関の議決に法的に拘束されます。次の例では、知的財産高等裁判所に勤務する裁判官の会議の議決がなければ、同裁判所における司法行政事務を行うことができないことになります。

■知的財産高等裁判所設置法

（知的財産高等裁判所の司法行政事務）

第4条　知的財産高等裁判所が知的財産高等裁判所における裁判事務の分配その他の司法行政事務を行うのは、<u>知的財産高等裁判所に勤務する裁判官の会議の議によるものとし</u>、知的財産高等裁判所長が、これを総括する。

2　（略）

「議により」は、皇室典範で多く使われており、皇位継承の順序の変更（3条）、皇族の身分離脱の決定（11条1項・2項、13条、

14条2項)、摂政の設置 (16条2項)、摂政の就任順序の変更 (18条) 及び摂政の廃止 (20条) の場合に、「皇室会議の議により」とされています。いずれも皇室会議の議決がこれらの行為の要件となっています。

「議に基づき」も、原則として拘束力が相当強いものとされています。ただ、文部科学省関係の法律(次の例のほか、公立の大学における外国人教員の任用等に関する特別措置法、教育公務員特例法など)以外では、あまり使われていないようです(他に駐留軍等の再編の円滑な実施に関する特別措置法7条1項・8条3項など)。

■**大学の教員等の任期に関する法律**

(公立の大学の教員の任期)

第3条　公立の大学の学長は、教育公務員特例法(・・・)第2条第4項に規定する評議会(評議会を置かない大学にあつては、教授会)の議に基づき、当該大学の教員(・・・)について、次条の規定による任期を定めた任用を行う必要があると認めるときは、教員の任期に関する規則を定めなければならない。

2・3　(略)

「議を経て」は、比較的拘束力が強いとされています。手続上、合議機関の議決を経ることが必要であり、それは行政機関などが行為や判断をするための条件になります。この「議を経て」は、他の3つの用語に比べて法令では比較的多く使われています。

■**ダイオキシン類対策特別措置法**

第33条　環境大臣は、我が国における事業活動に伴い排出されるダイオキシン類の量を削減するための計画を作成するものとする。

> 2　（略）
> 3　環境大臣は、第1項の計画を定めようとするときは、<u>公害対策会議の議を経</u>なければならない。
> 4・5　（略）

　なお、執行機関と議決機関との関係において、たとえば、「財政健全化計画は、地方公共団体の長が作成し、<u>議会の議決を経て</u>定めなければならない。」（地方公共団体の財政の健全化に関する法律5条1項）のように、「議決（決議）を経て」という用語が使われることがありますが、この場合は、その議決は、案件の成立要件であって完全な拘束力を持つとされています。

　「議（審議）に付し」は、これらの用語の中では、原則として最も拘束力が弱いとされています。すなわち、諮問機関等の議決を尊重すべきなのは当然としても、法的にはそのままの形では拘束されるものではないと解されています。この意味では、「議に付し」は、「意見を聴く」と同義になります。ただ、この意味で「議（審議）に付し」を使う例はかなり少ないです。

> ■鉱山保安法
> 第52条　経済産業大臣は、次に掲げる場合には、<u>中央協議会の議に付さ</u>なければならない。
> 　一　第5条から第9条まで、第12条若しくは第19条第1項の経済産業省令・・・を制定し、又は改廃しようとするとき。
> 　二　第34条の規定による命令をしようとするとき。

　他方、「議に付し」が使われる場合でも、議に付す機関の性格等によっては、単に「意見を聴く」という意味ではなくなることがあります。次の農林中央金庫法の例では、「議に付す」機関は（諮問

機関等ではなく）総会であり、総会の議決が役員解任の要件になっています。外務公務員法の例では、「議に付し」た審議会「の意見に基いて」政令案の立案等を行うこととされています。

> ■**農林中央金庫法**
> （役員の解任の請求）
> 第38条　会員は、総会員の5分の1（これを下回る割合を定款で定めた場合にあっては、その割合）以上の連署をもって、その代表者から役員の解任を請求することができる。
> 2・3　（略）
> 4　第1項の規定による請求があったときは、経営管理委員は、これを<u>総会の議に付さなければならない。</u>（略）
> 5・6　（略）
> ■**外務公務員法**
> （政令及び外務省令）
> 第26条　外務大臣は、第17条第3項及び第21条の規定に基づく政令案の立案並びに第5条第2項、第10条・・・及び第23条第4項の規定による外務省令の制定又は改廃を行うときは、あらかじめ審議会の議に付し、<u>その意見に基づいて</u>これをしなければならない。

7 行政機関・行政庁・行政官庁

「行政機関」とは、行政組織を構成し、行政主体（ex. 国、地方公共団体）のために行政事務を担任する機関をいいます。行政機関には法律により一定の権限と責任が割り当てられます。行政機関自体には法人格はなく、行政機関がその権限内において行う行為の法律効果は行政主体に帰属します。

行政機関の種類として、行政庁、諮問機関（ex. 各種審議会・調査会）、参与〔議決〕機関（ex. 電波監理審議会）、監査機関（ex. 会計検査院、監査委員）、執行機関（ex. 警察官、徴税吏員）、補助機関（ex. 副大臣、副知事、副市町村長）などがあります。

国の行政機関に関しては、内閣府設置法のほか、国家行政組織法に一般的な定めがあります。なお、会計検査院や人事院には国家行政組織法は適用されません（会計検査院法1条、国家公務員法4条4項後段参照）。

■国家行政組織法
（目的）
第1条　この法律は、内閣の統轄の下における行政機関で内閣府以外のもの（以下「国の行政機関」という。）の組織の基準を定め、もつて国の行政事務の能率的な遂行のために必要な国家行政組織を整えることを目的とする。
（組織の構成）
第2条　国家行政組織は、内閣の統轄の下に、内閣府の組織とともに、任務及びこれを達成するため必要となる明確な範囲の所掌事

務を有する行政機関の全体によつて、系統的に構成されなければならない。
2　国の行政機関は、内閣の統轄の下に、その政策について、自ら評価し、企画及び立案を行い、並びに国の行政機関相互の調整を図るとともに、その相互の連絡を図り、すべて、一体として、行政機能を発揮するようにしなければならない。内閣府との政策についての調整及び連絡についても、同様とする。

(行政機関の設置、廃止、任務及び所掌事務)
第3条　国の行政機関の組織は、この法律でこれを定めるものとする。
2　行政組織のため置かれる国の行政機関は、省、委員会及び庁とし、その設置及び廃止は、別に法律の定めるところによる。
3　省は、内閣の統轄の下に行政事務をつかさどる機関として置かれるものとし、委員会及び庁は、省に、その外局として置かれるものとする。
4　第2項の国の行政機関として置かれるものは、別表第1にこれを掲げる。

地方公共団体の行政機関に関しては、地方自治法が定めています。

■**地方自治法**
第155条　普通地方公共団体の長は、その権限に属する事務を分掌させるため、条例で、必要な地に、都道府県にあつては支庁(道にあつては支庁出張所を含む。以下これに同じ。)及び地方事務所、市町村にあつては支所又は出張所を設けることができる。
②・③　(略)
第156条　普通地方公共団体の長は、前条第1項に定めるものを除く外、法律又は条例の定めるところにより、保健所、警察署その他の行政機関を設けるものとする。

② 前項の行政機関の位置、名称及び所管区域は、条例でこれを定める。

③〜⑤ （略）

　「行政庁」とは、行政主体（ex. 国、地方公共団体）の法律上の意思・判断を決定し、これを外部に表示する権限を持つ行政機関をいいます。内閣総理大臣（内閣府の長）、各省大臣、都道府県知事、市町村長などがその例です。行政庁は、原則として独任制ですが、合議体の行政庁もあります（ex. 公正取引委員会、教育委員会）。

■犯罪利用預金口座等に係る資金による被害回復分配金の支払等に関する法律

（行政庁）

第39条　この法律における行政庁は、次の各号に掲げる区分に応じ、当該各号に定める者とする。

　一　第2条第1項第1号から第3号まで、第6号及び第7号に掲げる金融機関　内閣総理大臣

　二　第2条第1項第4号及び第5号に掲げる金融機関　内閣総理大臣及び厚生労働大臣

　三　第2条第1項第8号及び第9号に掲げる金融機関　農業協同組合法第98条第1項に規定する行政庁

　四〜六　（略）

「行政官庁」とは、国のために意思決定を行い、これを外部に表示する国の行政機関をいいます。「行政庁」から地方公共団体の機関を除いたものがこれに相当します。

■**刑法**
(仮釈放)
第28条　懲役又は禁錮に処せられた者に改悛の状があるときは、有期刑についてはその刑期の3分の1を、無期刑については10年を経過した後、<u>行政官庁</u>の処分によって仮に釈放することができる。

この例において「行政官庁」は、法務省の地方更生保護委員会を指しています（更生保護法16条1号）。

「行政庁」を「行政官庁」と同様に国の行政機関に限定して使う例（国の利害に関係のある訴訟についての法務大臣の権限等に関する法律2条2項）や地方公共団体の機関に限定して使う例（長期優良住宅の普及の促進に関する法律2条6項の「所管行政庁」）もあります。

なお、「行政機関」や「行政庁」は、法令においては、「関係行政機関（の長）」(**ex.** 過労死等防止対策推進法7条3項,)「関係行政庁」(**ex.** 行政事件訴訟法33条1項) という形で使われることが多いです。この場合、「関係行政機関（の長）」や「関係行政庁」が具体的にどの範囲までのものをいうかは、個々の条文の趣旨から判断することになります。

8 国・政府・国庫

「国」は、法律上の権利義務の主体としての国家の意味で使われます。この場合、公法上の権利義務の主体であることも、私法上の権利義務の主体であることもあります。

■国家賠償法

第1条　国又は公共団体の公権力の行使に当る公務員が、その職務を行うについて、故意又は過失によつて違法に他人に損害を加えたときは、国又は公共団体が、これを賠償する責に任ずる。

② （略）

■平成二十三年原子力事故による被害に係る緊急措置に関する法律

（損害賠償との関係）

第9条　（略）

2　国は、仮払金を支払ったときは、その額の限度において、当該仮払金の支払を受けた者が有する特定原子力損害の賠償請求権を取得する。

3　（略）

■福島復興再生特別措置法

（国の責務）

第3条　国は、前条に規定する基本理念にのっとり、原子力災害からの福島の復興及び再生に関する施策を総合的に策定し、継続的かつ迅速に実施する責務を有する。

「政府」は、通常、行政府、すなわち内閣府及びその統括の下にある行政機関の意味で使われます。

■首都直下地震対策特別措置法
第4条　政府は、前条第1項の規定による緊急対策区域の指定があったときは、首都直下地震に係る地震防災上緊急に講ずべき対策（・・・）の推進に関する基本的な計画（・・・）を定めなければならない。
2～6　（略）

なお、「政府」は、「日本国憲法又はその下に成立した政府」（国籍法5条1項6号）のように行政府のほか立法府及び司法府を含んだ「国の統治機関」の意味で使われる場合や、「政府は、・・・各独立行政法人に出資することができる。」（独立行政法人通則法8条2項）のように国庫の意味で使われる場合もあります。

「国庫」は、財産権の主体としての国家の意味で使われます。

■児童手当法
（児童手当に要する費用の負担）
第18条　（略）
2～4　（略）
5　国庫は、毎年度、予算の範囲内で、児童手当に関する事務の執行に要する費用（・・・）を負担する。
6　（略）

9 削る・削除

一部改正法令において、「削る」は、規定やその中の語句を形式的にも実質的にも消し去る場合に使われ、「削除」は、規定の形骸は残しつつその中身を消し去る場合に使われます。

■**独立行政法人通則法の一部を改正する法律**（平成26年法律第66号）
　第32条から第34条までを次のように改める。
　　　　（略）
第33条及び第34条　削除
　　　　（略）
　第46条の3第1項ただし書中・・・「その計画」を「これらの計画」に改め、同条第6項を削る。
　第48条第1項ただし書中・・・「その計画」を「これらの計画」に改め、同条第2項を削る。
　第5章第2節の節名を削る。
　第61条から第63条までを次のように改める。
第61条から第63条まで　削除
　　　　（略）
　第53条を削る。
　　　　（略）
　第68条中「、主務省」を削る。
　　　　（以下　略）

この例では、「削る」は5箇所で使われていますが、最初と2番目の「削る」は項を消し去る場合、3番目の「削る」は節名を消し

去る場合、4番目の「削る」は条を消し去る場合、5番目の「削る」は規定中の語句を消し去る場合です。

　条・項・号など規定全体を消し去る場合で、その規定の後ろに別の規定があるときは、それらを繰り上げるのが原則です。たとえば、10条から成る法令のうち第7条を消し去る場合、第8条から第10条までを1条ずつ繰り上げます。

　しかし、消し去る規定の後ろに規定がたくさんある場合、これを繰り上げる作業は煩雑ですし、また、繰上げの対象となる規定を引用している規定が多い場合にはそれらも手直しすることになって整理が大変になります。このような場合には、「第○条　削除」として規定の形骸だけを残す方法を使います。先の例では、第33条と第34条を消し去るわけですが、その後ろに第72条まで規定があるため、それらの条の繰上げを避けて、「第33条及び第34条　削除」という形にしたわけです。「第61条から第63条まで　削除」も、同じ理由によるものです。

　「削除」とした場合は、形式的に規定が残っているので、後にこれを改めたり、削ったりすることができます。なお、項は文章の一段落に過ぎないので、たとえば、「3　削除」という方法はとれないとされています。途中の項を削った場合は、後ろの項を繰り上げることになります。また、「第○条中「A」を削る。」という改正規定の場合、もし第○条の中に「A」が複数あれば、それらはすべて削られることになります。

10 原本・謄本・正本・抄本

「原本」とは、文書の作成者が一定の事項・内容を表示するため、確定的なものとして最初に作成した文書をいいます。

■刑法
（公正証書原本不実記載等）
第157条　公務員に対し虚偽の申立をして、登記簿、戸籍簿その他の権利若しくは義務に関する公正証書の原本に不実の記載をさせ、又は権利若しくは義務に関する公正証書の原本として用いられる電磁的記録に不実の記録をさせた者は、5年以下の懲役又は50万円以下の罰金に処する。
2・3　（略）

この例で、「権利若しくは義務に関する公正証書の原本」として判例上認められたものとして、法文上例示された登記簿（土地登記簿、建物登記簿）、戸籍簿のほかに、商業登記簿、寺院登記簿、公証人の作成する公正証書、住民票の原本などがあります。

「謄本」とは、「原本」と同一の文字・符号を使って、「原本」の内容を完全に写し取った書面をいいます。「原本」の存在とその記載内容の全部を証明するために作成されます。

■戸籍法
第10条　戸籍に記載されている者（その戸籍から除かれた者（・・・）

を含む。)又はその配偶者、直系尊属若しくは直系卑属は、その戸籍の謄本若しくは抄本又は戸籍に記載した事項に関する証明書(以下「戸籍謄本等」という。)の交付の請求をすることができる。
②・③ （略）

「正本」とは、法令の規定によって、作成権限のある者が、「原本」に基づいて特に「正本」として作成した文書をいいます。「正本」は「謄本」の一種ですが、外部に対しては「原本」と同一の効力をもって通用します。「原本」は一定の場所に保存されるため、その効力を他の場所で発揮させる場合に作成されます。

■民事訴訟法
（判決書等の送達）
第255条 （略）
2 前項に規定する送達は、判決書の正本又は前条第2項の調書の謄本によってする。

なお、「正本」は、「副本」に対する用語として使われる場合があります。ある文書の本来の目的以外の目的に使うために、「正本」のほかに同一内容の文書が作成される場合に、これを「副本」といいます。この場合、「正本」も「副本」もいずれも「原本」であり、「正本」が主、「副本」が従という目的に使用されます。

■戸籍法
第8条 戸籍は、正本と副本を設ける。
② 正本は、これを市役所又は町村役場に備え、副本は、管轄法務局若しくは地方法務局又はその支局がこれを保存する。

この例で、戸籍の「副本」は、戸籍の「正本」が滅失した場合の予備として作成されるものです。たとえば、平成23年3月11日に発生した東日本大震災により宮城県・岩手県の4市町の戸籍の「正本」が滅失しましたが、管轄法務局において保存していた戸籍の「副本」等に基づき再製作業が行われ、戸籍の再製データが作成されています。

> 　「抄本」とは、「原本」の一部について、その証明のために、「原本」と同一の文字・符号を使ってこれを写し取った書面をいいます。「抄本」は、「原本」のうち必要な部分の証明のために使われます。

■組織的な犯罪の処罰及び犯罪収益の規制等に関する法律
（没収された債権等の処分等）
第19条　（略）
2　債権の没収の裁判が確定したときは、検察官は、当該債権の債務者に対し没収の裁判の<u>裁判書の抄本</u>を送付してその旨を通知するものとする。

■公職選挙法
（在外選挙人名簿）
第30条の2　（略）
2～4　（略）
5　選挙を行う場合において必要があるときは、<u>在外選挙人名簿の抄本</u>（・・・）を用いることができる。
6（略）

11 更正・補正・訂正

> 「更正」は、一般に、改め直すという意味で使われます。

■破産法
(配当表の更正)
第199条 次に掲げる場合には、破産管財人は、直ちに、配当表を更正しなければならない。
　一 破産債権者表を更正すべき事由が最後配当に関する除斥期間内に生じたとき。
　二・三 (略)
2 (略)

　租税関係の法律では、申告された課税標準や税額などについて税務署長、税関長、都道府県知事、市町村長に是正する権限が与えられていますが、これを「更正」と呼んでいます(国税通則法24条・30条4項、地方税法55条1項・321条の11第1項等)。

> 「補正」は、元来足りないところを補って正しいものにするという意味で使われます(前者の例)。さらに、不備・欠陥がある行為についてこれを補完・修正して、正しいものにする、又は適法なものにするという意味で使われます(後者の例)。

■地方交付税法
(基準財政需要額の算定方法)

第11条　基準財政需要額は、測定単位の数値を第13条の規定により補正し、これを当該測定単位ごとの単位費用に乗じて得た額を当該地方団体について合算した額とする。

■**家事事件手続法**

（申立ての方式等）

第49条　（略）

2・3　（略）

4　家事審判の申立書が第2項の規定に違反する場合には、裁判長は、相当の期間を定め、その期間内に不備を補正すべきことを命じなければならない。（略）

5　前項の場合において、申立人が不備を補正しないときは、裁判長は、命令で、家事審判の申立書を却下しなければならない。

6　（略）

「訂正」は、一定の事項について誤りがあった場合や変更の届出があった場合などにこれを改め直すことをいい、通常、軽微な字句、数量などの誤り等を直す場合に使われます。

■**マンションの管理の適正化の推進に関する法律**

（登録事項の変更の届出等）

第32条　マンション管理士は、第30条第2項に規定する事項に変更があったときは、遅滞なく、その旨を国土交通大臣に届け出なければならない。

2　マンション管理士は、前項の規定による届出をするときは、当該届出に登録証を添えて提出し、その訂正を受けなければならない。

12 告示する・公示する

「告示する」・「公示する」は、ともに公の機関が決定した事項その他一定の事項を公式に一般に知らせる場合に使われます。

■**政党助成法**
（交付結果の公表）
第13条　総務大臣は、毎年12月31日現在で、・・・その年分として交付した政党交付金の総額及び各政党に対して交付した政党交付金の額を、告示しなければならない。

■**子ども・若者育成支援推進法**
（子ども・若者支援地域協議会）
第19条　（略）
2　地方公共団体の長は、協議会を設置したときは、内閣府令で定めるところにより、その旨を公示しなければならない。

「告示」は、公の機関が決定した事項などを公式に一般に知らせるための形式の名称として使われることがあります。

■**国家行政組織法**
第14条　各省大臣、各委員会及び各庁の長官は、その機関の所掌事務について、公示を必要とする場合においては、告示を発することができる。
2　（略）

「告示」は、通常、国の場合は官報、地方公共団体の場合は公報に掲載されます。なお、先の意味で「告示する」場合も、「公示する」場合も、「告示」という形式をとっている場合が多いです。

公職選挙法においては、衆議院議員の総選挙と参議院議員の通常選挙に関する規定では「公示する」が使われ、国会議員の補欠選挙等や地方公共団体の議会の議員や長の選挙に関する規定では「告示する」が使われています。これは、憲法第7条第4号が「国会議員の総選挙の施行を公示すること」を天皇の国事行為としていることによるものです（この「総選挙」には「通常選挙」を含むと解されています）。

■**公職選挙法**

（総選挙）

第31条　（略）

2・3　（略）

4　総選挙の期日は、少なくとも12日前に公示しなければならない。

5　（略）

（一般選挙、長の任期満了に因る選挙及び設置選挙）

第33条（略）

2～4　（略）

5　第1項から第3項までの選挙の期日は、次の各号の区分により、告示しなければならない。

　一　都道府県知事の選挙にあつては、少なくとも17日前に

　二～五　（略）

13 住所・居所

「住所」とは、各人の生活の本拠をいいます。「生活の本拠」とは、人の生活関係の中心である場所を意味します。

■民法
（住所）
第22条　各人の生活の本拠をその者の住所とする。

ある場所が人の生活関係の中心であるか否かの基準については、現在では、客観的事実に基づいて「住所」を判定するという考え方（客観主義）がとられており、定住の意思を必要とする考え方（主観主義）はとられていません。もっとも、転入届・転居届・転出届など（住民基本台帳法21条以下）外部に表れた定住の意思は、客観的に生活の本拠を認定する際の重要な資料となります。

「住所」は、公法関係でも多く使われています。

■私的独占の禁止及び公正取引の確保に関する法律
第87条の2　裁判所は、第24条の規定による侵害の停止又は予防に関する訴えが提起された場合において、他の裁判所に同一又は同種の行為に係る同条の規定による訴訟が係属しているときは、当事者の住所又は所在地、尋問を受けるべき証人の住所、争点又は証拠の共通性その他の事情を考慮して、相当と認めるときは、申立てにより又は職権で、訴訟の全部又は一部について、当該他の裁判所又は当該訴えにつき第84条の2第1項の規定により管

> 轄権を有する他の裁判所に移送することができる。

　公法関係で「住所」が使われている場合も、一般に民法第22条を類推して「生活の本拠」を意味すると解されています。最高裁判所は、公職選挙法上の住所について、「およそ法令において人の住所につき法律上の効果を規定している場合、反対の解釈をなすべき特段の事由のない限り、その住所とは各人の生活の本拠を指すものと解するを相当とする」と判示しています（最判昭和29年10月20日民集8巻10号1907頁）。

> 「居所」とは、人が多少継続的に居住するが、その生活との関係の度合いが「住所」ほど密接ではない場所をいいます。たとえば、工事現場の宿舎に一定期間居住するような場合です。

「居所」は、一般に「住所」の補充としての機能を有します。

■民法
（居所）
第23条　住所が知れない場合には、居所を住所とみなす。
2　日本に住所を有しない者は、その者が日本人又は外国人のいずれであるかを問わず、日本における居所をその者の住所とみなす。
（略）

「・・・の住所、居所・・・」と併記する例が多く（ex.民事訴訟法103条1項）、また、「・・・住所（日本国内に住所がないとき又は住所が知れないときは居所）」とする例もあります（ex.ストーカー行為等の規制等に関する法律10条1項〜3項）。

14 準ずる・類する

「準ずる」は、本来そのものではないが、性質、内容、資格、要件などがほぼ同様なので、準じられているものとほぼ同じ取扱いをするという意味で使われます。

■地方自治法
（公有財産の範囲及び分類）
第238条　この法律において「公有財産」とは、普通地方公共団体の所有に属する財産のうち次に掲げるもの（・・・）をいう。
　一〜三　（略）
　四　地上権、地役権、鉱業権その他<u>これらに準ずる権利</u>
　五〜八　（略）
2〜4　（略）

この例で、第238条第1項第4号の「これらに準ずる権利」は、地上権等と同じく法律上確立している用益物権又は用益物権的性格を有する権利をいうとされ、具体的には永小作権、入会権、漁業権、租鉱権、採石権などです。

「準ずる」が使われる場合に、その具体的な内容が下位法令に委任されている例もあります。

■生活保護法
（医療機関の指定）
第49条　厚生労働大臣は、国の開設した病院若しくは診療所又は

> 薬局について、都道府県知事は、その他の病院若しくは診療所（これらに準ずるものとして政令で定めるものを含む。）又は薬局について、この法律による医療扶助のための医療を担当させる機関を指定する。

　この例で、「これらに準ずるものとして政令で定めるもの」として、指定訪問看護事業者（健康保険法88条1項）、指定居宅サービス事業者（介護保険法41条1項）などが規定されています（生活保護法施行令4条）。

　また、「準ずる」は、一定の規定又は事柄を基準として考え、これにのっとってという意味で使われることも多く、この場合は、「準じて」という形で使われるのが一般的です。

> ■**公職選挙法**
> （文書図画の頒布）
> 第142条　（略）
> 2〜9　（略）
> 10　衆議院（小選挙区選出）議員又は参議院議員の選挙における公職の候補者は、政令で定めるところにより、政令で定める額の範囲内で、第1項第1号から第2号までの通常葉書及びビラを無料で作成することができる。（略）
> 11　都道府県知事の選挙については都道府県は、市長の選挙については市は、それぞれ、前項の規定（参議院比例代表選出議員の選挙に係る部分を除く。）に準じて、条例で定めるところにより、公職の候補者の第1項第3号、第5号及び第6号のビラの作成について、無料とすることができる。
> 12・13　（略）

「類する」は、一般に、似る、相当するという意味で使われます。

■地方自治法
（助言等の方式等）
第247条　国の行政機関又は都道府県の機関は、普通地方公共団体に対し、助言、勧告その他これらに類する行為（・・・）を書面によらないで行つた場合において、当該普通地方公共団体から当該助言等の趣旨及び内容を記載した書面の交付を求められたときは、これを交付しなければならない。
2・3　（略）

この例で、「これらに類する行為」としては、指導、要請などがあります。

「類する」が使われる場合においても、「居住のための居室、学校の教室、病院の病室その他これらに類するものとして政令で定めるもの」（建築基準法28条1項）というように具体的な内容が下位法令に委任されていることがあります。「これらに類するものとして政令で定めるもの」として、児童福祉施設、助産所、老人福祉施設、有料老人ホームなどが定められています（同法施行令19条1項）。

「準ずる」と「類する」の違いについては、「準ずる」が実質に重点を置いた場合に使うのに対し、「類する」は外形に重点を置いた場合に使うと説明されることがありますが、必ずしも明確に区別できない場合もあります。もっとも、次の例のように同じ条文の中で両者が使い分けられている場合（しかも政令委任されている）は、その違いがわかります。

> ■地域における歴史的風致の維持及び向上に関する法律
> （増築等の届出及び勧告等）
> 第15条　歴史的風致形成建造物の増築、改築、移転又は除却をしようとする者は、当該増築、改築、移転又は除却に着手する日の30日前までに、・・・行為の種類、場所、着手予定日その他主務省令で定める事項を市町村長に届け出なければならない。ただし、次に掲げる行為については、この限りでない。
> 一・二　（略）
> 三　都市計画法第4条第15項に規定する都市計画事業の施行として行う行為又は<u>これに準ずる行為として政令で定める行為</u>
> 四　前3号に掲げるもののほか、<u>これらに類するものとして政令で定める行為</u>
> 2～7　（略）

　この例では、第15条第1項第3号の「これに準ずる行為として政令で定める行為」として、（都市計画事業並びの）土地区画整理事業や市街地再開発事業の施行として行う行為などが規定されており（地域における歴史的風致の維持及び向上に関する法律施行令4条）、同項第4号の「これらに類するものとして政令で定める行為」として、歴史的風致形成建造物等の所有者と管理の契約（同法27条1項）をした認定市町村又は支援法人が行う行為が規定されています（同令5条）。

15 署名・記名

「署名」とは、自己が作成した書類等にその責任を明らかにするために、自己の氏名を書くことをいいます。

■公職選挙法
（投票録の作成）
第54条　投票管理者は、投票録を作り、投票に関する次第を記載し、投票立会人とともに、これに署名しなければならない。

「記名」も、書類等に作成者の責任を明らかにする等のため、氏名を記すことをいいますが、「記名」の場合は、自署を必要とせず、他人が書いても差し支えなく、また、ゴム印やパソコン等による印刷でもかまいません。

法令上、「記名」は、「押印（捺印）」とともに要求されるのが通例です。また、次の例のように、法令上、「署名」と「記名押印」を同等に扱っている例が多くあります。

■資産の流動化に関する法律
（定款）
第16条　特定目的会社を設立するには、発起人が定款を作成し、その全員がこれに署名し、又は記名押印しなければならない。
2～6　（略）

16 前項の場合において・前項に規定する場合において

「前項の場合において」と「前項に規定する場合において」は、一見似た表現ですが、その意味するところは全く異なります。

「前項の場合において」は、前項全体を受けて、前項で規定された事項の補足的事項を、項を改めて定める場合に使われます。

■地方自治法

（地方債）

第230条　普通地方公共団体は、別に法律で定める場合において、予算の定めるところにより、地方債を起こすことができる。

2　<u>前項の場合において</u>、地方債の起債の目的、限度額、起債の方法、利率及び償還の方法は、予算でこれを定めなければならない。

この例で、第230条第2項は、「普通地方公共団体は、・・・地方債を起こすことができる。」と規定する同条第1項全体を受けており、「別に法律で定める場合において」という仮定的条件の部分だけを受けるものではありません。

補足的事項を定める場合でも、項を改めて規定するほどのことがないときは、「この場合において」から始まる後段が置かれます。

■民法

（悪意の受益者の返還義務等）

第704条　悪意の受益者は、その受けた利益に利息を付して返還しなければならない。<u>この場合において</u>、なお損害があるときは、

その賠償の責任を負う。

　これに対して、「前項に規定する場合において」は、前項の規定の中に、「・・・場合においては」、「・・・ときは」又は「・・・の場合において、・・・のときは」という仮定的条件を示す部分があるときに、その部分のみを受けて「その場合に」という意味を表す場合に使われます。「第○条（項・号）に規定する場合において」という表現も、同様の意味です。

■借地借家法
　（借地契約の更新後の建物の滅失による解約等）
第8条　契約の更新の後に建物の滅失があった場合においては、借地権者は、地上権の放棄又は土地の賃貸借の解約の申入れをすることができる。
2　<u>前項に規定する場合において</u>、借地権者が借地権設定者の承諾を得ないで残存期間を超えて存続すべき建物を築造したときは、借地権設定者は、地上権の消滅の請求又は土地の賃貸借の解約の申入れをすることができる。
3～5　（略）

　この例で、第8条第2項の「前項に規定する場合において」は、同条第1項の「契約の更新の後に建物の滅失があった場合においては」という仮定的条件を示す部分だけを受ける表現であり、同項全体を受けるものではありません。

17 同意・協議

> 「同意」とは、他人の行為に賛成の意思表示をすることを意味します。

　法令上、ある行為が完全な効力をもつために一定の人の「同意」が必要とされることが多く、その場合、「同意」が得られないときは、その行為をすることができなくなります。

■津波防災地域づくりに関する法律
　（指定避難施設の指定）
第56条　市町村長は、警戒区域において津波の発生時における円滑かつ迅速な避難の確保を図るため、警戒区域内に存する施設（・・・）であって次に掲げる基準に適合するものを指定避難施設として指定することができる。
　一～三　（略）
2　市町村長は、前項の規定により指定避難施設を指定しようとするときは、当該施設の管理者の同意を得なければならない。
3・4　（略）

　同意をするか否かは原則として同意権を持つ者の自由ですが、正当な理由がなければ同意を拒否できないとしている例もあります（ex. 著作権法65条3項）。

　「同意」を得ないで行った行為は無効とされるのが原則ですが、取消しにとどまる場合や、取消しもできない場合もあります。たとえば、未成年者が法律行為をする場合は、原則としてその法定代理

人の同意を得なければなりませんが（民法5条1項）、この規定に違反した行為は取り消すことができます（同条2項）。また、未成年の子が婚姻をする場合は父母の同意が必要ですが（民法737条1項）、父母の不同意は婚姻取消事由とされていないため（民法743条〜第747条参照）、同意のない婚姻も誤って受理されたときは、その婚姻は有効であり取り消すことはできません。

> 「協議」とは、他人に相談することを意味します。

　法令上「協議」が使われている場合にこれが「同意」の意味を含むかどうかが問題になります。結局は個々の規定の解釈に委ねられますが、一般に、法令上の「協議」は「同意」の意味を含むとされています。すなわち、「・・・を行う場合においてはAに協議しなければならない」という規定は、ただ単にAと相談すればよいというわけではなく、Aと十分に意見交換をして意思の合致をみた上でないとその行為をすることはできないと解されています。特に国家機関の間、国家機関と私人の間においての「協議」は、このように解されています。

■市民農園整備促進法

（市民農園区域）

第4条　市町村は、基本方針に基づき、農業委員会の決定を経て、当該市町村の区域内の一定の区域で次に掲げる要件に該当するもの（・・・）を市民農園として整備すべき区域（以下「市民農園区域」という。）として指定することができる。

一〜三

2　市町村は、市民農園区域を指定しようとするときは、あらかじめ、<u>都道府県知事に協議しなければならない。</u>

3～5 （略）

　もっとも、条文の形式などから「協議」が「同意」の意味を含まないことがわかる場合がいくつかあります。
① 協議不成立の場合の処理を規定している場合
　まず「協議」をすべき旨の規定を置き、次にその「協議」が成立しない場合の処理を規定しているときは、その「協議」は「同意」を含んでいないことが明らかです。

■**大規模災害からの復興に関する法律**
　（土地の立入り等に伴う損失の補償）
第34条　（略）
2　（略）
3　前2項の規定による損失の補償については、<u>損失を与えた者と損失を受けた者とが協議しなければならない。</u>
4　<u>前項の規定による協議が成立しないときは</u>、損失を与えた者又は損失を受けた者は、政令で定めるところにより、収用委員会に土地収用法（・・・）第94条第2項の規定による裁決を申請することができる。

② 同じ法令の中で「協議」と「同意」を使い分けている場合

■**国家戦略特別区域法**
第22条　（略）
2　（略）
3　国家戦略特別区域会議は、区域計画に国家戦略開発事業（都市計画法第32条第1項の同意を要するものに限る。）を定めようとするときは、あらかじめ、同項に規定する<u>公共施設の管理者</u>

(・・・) に協議し、その同意を得なければならない。
4　国家戦略特別区域会議は、区域計画に国家戦略開発事業（都市計画法第32条第2項の規定による協議を要するものに限る。）を定めようとするときは、あらかじめ、同項に規定する<u>公共施設を管理することとなる者その他同項の政令で定める者（・・・）に協議しなければならない</u>。

　この例では、第3項は、「・・・に協議し、その同意を得なければならない」と規定しているのに対し、第4項は、「・・・に協議しなければならない」とだけ規定しています。第3項は、「協議」と「同意」を使い分けていることから、「協議」には「同意」を含んでおらず、したがって、同じ条中にある第4項の「協議」も同様に解され、第4項の場合は「同意」まで必要とされていないことになります。

③　国等の関与類型としての「協議」と「同意」

　地方自治法第245条は、普通地方公共団体に対する国又は関与の意義を定めていますが、「(普通地方公共団体に対する) 同意」（1号ニ）と「普通地方公共団体との協議」（2号）とは別個の関与類型とされています。

　したがって、普通地方公共団体に対する関与について「協議しなければならない」とだけ規定している場合は、「同意」を含んだものと解することはできません。同意を必要とする場合は、たとえば、「都道府県知事が特定都市河川及び特定都市河川流域の指定を行おうとするときは、あらかじめ、<u>国土交通大臣に協議し、その同意を得なければならない</u>。」（特定都市河川浸水被害対策法3条7項）という規定になります。

18 に規定する・の規定による・の規定に基づく

「に規定する」、「の規定による」、「の規定に基づく」は、いずれもある規定で書かれている用語を他の規定で引用する場合に使われますが、微妙にニュアンスが違います。

■海賊多発海域における日本船舶の警備に関する特別措置法
（認定の取消し）
第６条　国土交通大臣は、次の各号のいずれかに該当すると認めるときは、第４条第１項の認定を取り消すことができる。
一　認定船舶所有者又は第４条第２項第４号に規定する事業者が、同条第１項の認定に係る特定警備計画（前条第１項の規定による変更又は同条第２項の規定による届出に係る変更があったときは、その変更後のもの。・・・）に従って特定警備を実施させ、又は実施していないとき。
二〜五　（略）
六　前各号に掲げるもののほか、認定船舶所有者が、この法律若しくはこれに基づく命令の規定又はこれらの規定に基づく処分に違反したとき。

> 「に規定する」は、ある規定である概念について定めている場合にその概念をそのままの意味で引用する場合に使われます。

上の例において、第６条第１号で、「第４条第２項第４号に規定する事業者」とありますが、これは、第４条第２項第４号に規定されている「申請者の依頼を受けて特定警備を実施する事業者」をそ

165

のまま受けたものです。

> （特定警備計画の認定）
> 第4条　特定日本船舶の所有者は、国土交通省令で定めるところにより、当該特定日本船舶における特定警備に関する計画（以下「特定警備計画」という。）を船舶ごとに作成し、これを国土交通大臣に提出して、当該特定警備計画が適当である旨の<u>認定</u>を受けることができる。
> 2　特定警備計画には、次に掲げる事項を記載しなければならない。
> 　一～三　（略）
> 　四　<u>申請者の依頼を受けて特定警備を実施する事業者に関する事項</u>
> 　五・六　（略）
> 3　（略）

> 「の規定による」は、ある規定で義務や権限などの規範として定められている用語を引用する場合に使われます。

　第6条第1号で、「前条第1項の規定による変更」、「同条第2項の規定による届出」とありますが、これらは、特定警備計画の変更について定めた前条（5条）第1項において認定を受ける義務を課し、また、同条第2項において軽微な変更の場合に届出義務を課していることを受けたものです。

> （特定警備計画の変更）
> 第5条　前条第1項の認定を受けた特定日本船舶の所有者（以下「認定船舶所有者」という。）は、当該認定に係る特定警備計画を変更しようとするときは、国土交通省令で定めるところにより、<u>国</u>

> 土交通大臣の認定を受けなければならない。ただし、国土交通省令で定める軽微な変更については、この限りでない。
> 2 認定船舶所有者は、前項ただし書の国土交通省令で定める軽微な変更をしようとするときは、国土交通省令で定めるところにより、あらかじめ、その旨を国土交通大臣に届け出なければならない。
> 3（略）

「の規定に基づく」は、「の規定による」と同様の意味合いを持ちますが、「特にその規定を根拠にする」という意味合いを強調する場合に使われます。

第6条は特定警備計画の認定の取消し事由を列挙していますが、このような場合は、命令（政令・省令等）違反もあげるのが通常です。その場合、規定の書き方として、「これ（この法律）の規定による命令の規定」ではなく、「これ（この法律）に基づく命令の規定」（6号）と表現するのが通例になっています。

なお、第6条で、「第4条第1項の認定」とありますが、「第○条第○項の・・・」は、その規定で書かれている用語そのものを示す場合に使われます（4条1項参照）。もっとも、実際には「第○条第○項の・・・」と「に規定する」・「の規定による」が厳密に使い分けられているわけではありません。

19 年・年度

「年」は暦年、すなわち1月1日から12月31日までの期間を意味します。

■**一般職の職員の勤務時間、休暇等に関する法律**
（年次休暇）
第17条　年次休暇は、一の年ごとにおける休暇とし、その日数は、一の年において、次の各号に掲げる職員の区分に応じて、当該各号に掲げる日数とする。
一　次号及び第3号に掲げる職員以外の職員　20日（再任用短時間勤務職員にあっては、その者の勤務時間等を考慮し20日を超えない範囲内で人事院規則で定める日数）
二・三　（略）
2　年次休暇（この項の規定により繰り越されたものを除く。）は、人事院規則で定める日数を限度として、当該年の翌年に繰り越すことができる。
3　（略）

「年度」は、「年」とは異なり、一定の期日から一定の期日までの期間を意味します。これは、それぞれの制度の目的に照らして法令が特に設定した期間です。

「年度」の代表例として、「会計年度」と「事業年度」があります。「会計年度」とは、国や地方公共団体の収入・支出を時間的に区分

してその収支の状況を明確にするために設けられた期間をいいます。

> ■**財政法**
> 第11条　国の会計年度は、毎年4月1日に始まり、翌年3月31日に終るものとする。
>
> ■**地方自治法**
> （会計年度及びその独立の原則）
> 第208条　普通地方公共団体の会計年度は、毎年4月1日に始まり、翌年3月31日に終わるものとする。
> 2　各会計年度における歳出は、その年度の歳入をもつて、これに充てなければならない。

なお、更生保護法人（更生保護事業法28条）、社会福祉法人（社会福祉法44条1項）、学校法人（私立学校法48条）、監査法人（公認会計士法34条の15本文）、医療法人（医療法53条本文）などでも、「会計年度」という用語が使われ、「（毎年）4月1日に始まり、翌年3月31日に終るものとする」とされています。

「事業年度」とは、国や地方公共団体以外の事業を行う法人等について、事業の経理の状況等を明らかにするために区分された期間を意味します。独立行政法人、特殊法人等については、「事業年度」が法定されています。

> ■**独立行政法人通則法**
> （事業年度）
> 第36条　独立行政法人の事業年度は、毎年4月1日に始まり、翌年3月31日に終わる。
> 2　（略）

■原子力損害賠償・廃炉等支援機構法
(事業年度)
第56条　機構の事業年度は、毎年4月1日に始まり、翌年3月31日に終わる。

「事業年度」は、「4月1日から翌年3月31日」とされるのが通例ですが、「1月1日から12月31日まで」とされている例（日本中央競馬会法22条）もあります。

民間の事業者の「事業年度」は定款、寄附行為等で定められ、法定されないのが原則ですが、保険会社、信託会社、銀行、信用金庫など法律で特に「事業年度」が定められているものがあります。

■信用金庫法
(事業年度)
第55条　金庫の事業年度は、4月1日から翌年3月31日までとする。

民間の事業者の「事業年度」は、1年より長くても短くてもかまいません。場合によっては、「事業年度」を設けないことも可能です。

しかし、法人税法では、課税上の目的から「事業年度」を定義し（13条・14条）、会計期間を必ず定めて届けさせ、また、法人が定めた期間等が「1年を超える場合は、当該期間をその開始の日以後1年ごとに区分した各期間」としています。

20 廃止する・廃止するものとする

> 「廃止する」は、現在有効に存続している法令を社会経済事情の変動などにより廃止する場合に使われます。

　法令の廃止は、これを本則で行う場合と附則で行う場合とがあります。どちらの場合も、法令を廃止するという効果は変わりません。法令は、廃止されることにより形式的にも実質的にも消滅します。その法令を一部改正した法令の附則もすべて消滅します。

　本則で法令の廃止を行うのは、法令の廃止自体を目的とする場合です。このような法令を一般に廃止法令と呼んでいます。

■独立行政法人日本万国博覧会記念機構法を廃止する法律
（平成 25 年法律第 19 号）
　独立行政法人日本万国博覧会記念機構法（平成 14 年法律第 125 号）は、廃止する。

　関連する 2 つ以上の法令を本則で一緒に廃止することも可能です。

■有価証券取引税法及び取引所税法を廃止する法律
（平成 11 年法律第 10 号）
（有価証券取引税法の廃止）
第 1 条　有価証券取引税法（昭和 28 年法律第 102 号）は、廃止する。
（取引所税法の廃止）
第 2 条　取引所税法（平成 2 年法律第 22 号）は、廃止する。

■**新産業都市建設促進法等を廃止する法律**（平成13年法律第14号）

次に掲げる法律は、廃止する。
一　新産業都市建設促進法（昭和37年法律第117号）
二　工業整備特別地域整備促進法（昭和39年法律第146号）
三　新産業都市建設及び工業整備特別地域整備のための国の財政上の特別措置に関する法律（昭和40年法律第73号）

附則で法令の廃止を行うのは、本則における法令の制定・改正に伴って不要となった法令を廃止する場合です。

■**独立行政法人原子力安全基盤機構の解散に関する法律**

（平成25年法律第82号）

　　　　附　　則
（独立行政法人原子力安全基盤機構法の廃止）
第2条　独立行政法人原子力安全基盤機構法は、廃止する。

附則に規定する事項が多岐にわたるため、施行法や整備法を別に制定する場合には、その中で法令の廃止を定めることもあります。

■**非訟事件手続法及び家事事件手続法の施行に伴う関係法律の整備等に関する法律**（平成23年法律第53号）

（家事審判法の廃止）
第3条　家事審判法（昭和22年法律第152号）は、廃止する。

> 「廃止するものとする」は、法令の制定当初は確定的な期限を定めて失効させる規定を置くのは難しいが、一定の期限までに当該法令等を廃止するのが妥当であるという立法者の方針を示す場合に使われます。

「廃止するものとする」は、単に立法者による廃止の方針を定めたものに過ぎないことから、たとえその期限が規定されていたとしても、廃止法令が新たに制定されない限り、期限の到来によって当然に廃止されたり失効したりするものではありません。

■**電気通信基盤充実臨時措置法**（平成3年法律第27号）

　　附　　則

（この法律の廃止）

第2条　この法律は、<u>平成28年5月31日までに廃止するものとする</u>。

■**国際連合安全保障理事会決議第千八百七十四号等を踏まえ我が国が実施する貨物検査等に関する特別措置法**

（平成22年6月4日法律第43号）

　　附　　則

（この法律の廃止）

2　この法律は、国際連合安全保障理事会決議第1874号（第1条に規定する要請に係る部分に限る。）がその効力を失ったときは、<u>速やかに、廃止するものとする</u>。

■参考文献

林修三『法令用語の常識』(改訂版) 日本評論社 (1975)

田島信威『最新法令用語の基礎知識』(3訂版) ぎょうせい (2005)

田島信威『法令用語ハンドブック』(3訂版) ぎょうせい (2009)

法令用語研究会編『法律用語辞典』(第4版) 有斐閣 (2012)

法制執務用語研究会『条文の読み方』有斐閣 (2012)

吉田利宏『新法令用語の常識』日本評論社 (2014)

角田禮次郎・茂串俊・工藤敦夫ほか共編『法令用語辞典』(第10次改訂版) 学陽書房 (2016)

法制執務研究会編『新訂ワークブック法制執務』(第2版) ぎょうせい (2018)

著者紹介

長野　秀幸（ながの　ひでゆき）
1956 年生
1980 年　東京大学法学部卒業、参議院法制局参事
　　　　　第5部長、第4部長、第2部長、第1部長、法制次長を経て
2016 年　参議院法制局長
著書に、『法令読解の基礎知識〈第1次改訂版〉』（学陽書房）、
『新・国会事典〈第3版〉』（共同執筆、有斐閣）、『明解　選挙法・政治資金法の手引』（共同執筆、新日本法規）など

基礎からわかる法令用語

2015 年 4 月 23 日　初版発行
2019 年 9 月 19 日　 4 刷発行

　　著　者　長野　秀幸
　　発行者　佐久間重嘉
　　発行所　学　陽　書　房
　　〒102-0072　東京都千代田区飯田橋 1-9-3
　　営業部　TEL 03-3261-1111　FAX 03-5211-3300
　　編集部　TEL 03-3261-1112
　　振替口座　00170-4-84240
　　http://www.gakuyo.co.jp/

　　装丁／スタジオダンク
　　DTP 制作／ニシ工芸
　　印刷・製本／三省堂印刷
　　© Hideyuki Nagano, 2015 Printed in Japan

ISBN 978-4-313-16153-5　C1032
※乱丁・落丁本は、送料小社負担にてお取り替え致します。